本成果由北京师范大学民俗典籍文字研究中心资助出版

国家社会科学基金冷门绝学专项学术团队项目"中国训诂学的理论总结与现代转型"(20VJXT015)、国家社科基金重大项目"传统训诂学与现代阐释学会通研究"(24&ZD231)、教育部国家语委研究基地重点项目"部编本语文教材文言文词汇分级数据库建设与研究"(ZDI145-49)相关成果

藏在节日中的汉字

凌丽君 ◎ 著

重庆出版集团 重庆出版社

图书在版编目（CIP）数据

藏在节日中的汉字 / 凌丽君著. -- 重庆：重庆出版社，2025.2. -- ISBN 978-7-229-19878-7

Ⅰ．K892.1-49；H12-49

中国国家版本馆CIP数据核字第2025NY9632号

藏在节日中的汉字
CANG ZAI JIERI ZHONG DE HANZI

凌丽君 著

策　　划：林　郁
美术编辑：夏　添
责任编辑：杨秀英
责任校对：谭荷芳
内文插画：三纹鱼呜吱吱
装帧设计：刘　尚

重庆出版集团 出版
重庆出版社

重庆市南岸区南滨路162号1幢　邮政编码：400061　http://www.cqph.com
重庆出版社艺术设计有限公司制版
重庆市国丰印务有限责任公司印刷
重庆出版集团图书发行有限公司发行
E-MAIL:fxchu@cqph.com　邮购电话：023-61520417
全国新华书店经销

开本：787mm×1092mm　1/32　印张：4.875　字数：100千字
2025年4月第1版　2025年4月第1次印刷
ISBN 978-7-229-19878-7

定价：46.00元

如有印装质量问题，请向本集团图书发行有限公司调换：023-61520417

版权所有　侵权必究

目录

1 …… 除夕

11 …… 春节

21 …… 元宵节

33 …… 清明节

45 …… 端午节

57 …… 七夕节

67 …… 中秋节

77 —— 重阳节

87 —— 寒衣节

95 —— 腊八节

105 —— 元　旦

113 —— 妇女节

121 —— 儿童节

133 —— 教师节

143 —— 国庆节

除夕

阜(甲骨文)　山(金文)　丘(甲骨文)　交(小篆)

岁(甲骨文)　岁(甲骨文)　岁(小篆)

除夕是农历岁末的最后一天，俗称"大年夜""年三十"。这一天也是中国传统节日之一。"夕"是夜晚的意思。"除夕"是一个辞旧迎新的夜晚。过了这一晚，我们就进入了新的一年。所以，"除"是代替、更替的意思，这个意义是怎么来的呢？我们先看看它的字形。

"除"字的偏旁是双耳旁"阝"。和单耳旁"卩"相比，双耳旁"阝"在汉字中的位置很灵活，可以在一个字的左边，也可以在右边，就像人的耳朵一样，左右都有，因此叫双耳旁。从识字的角度来说，双耳旁有一个记忆难点，想要分辨它们何时在左，何时在右，就得了解一下左耳朵和右耳朵到底有没有区别。我们可以结合古文字看一下。

阴(陰)	阳(陽)	降	阻

都	郊	邻(鄰)	郭

真神奇，原来左耳朵和右耳朵最初确实是两个不同的字。左耳旁是𨸏，这是"阜"字；右耳旁是𨞮，这是"邑"字。"阜"的甲骨文形体是𨸏，如果把它逆时针旋转90°的话，字形成为⩗⩗⩗，与▲▲▲（山）、∧∧（丘）很相似，就像一座座连绵的山脉。所以"阜"其实就是山，只不过它的古文字形是侧立的山脉形体。

"除"字是左耳旁，它的意义是否就与山有关系？其实"除"最初表示台阶义，字形之所以从左耳旁——"阜",是因为台阶由低而高,就像山一样。杜甫有一首《南邻》诗,其中两句是"惯看宾客儿童喜,得食阶除鸟雀驯"。意思是家里的儿童也习惯了有客人,看到客人都乐呵呵的。鸟雀也常常在台阶上觅食,这是因为它们也被驯服了。在这首诗中,"除"和"阶"连用,都表示台阶。台阶是一级一级而上,踩上新的台阶需要跨过旧台阶,好像新台阶代替了旧台阶一样,因此"除"就有了代替、更替义。比如我们非常熟悉的《元日》诗,前两句是"爆竹声中一岁除,春风送暖入屠苏"。其中的"一岁除",就是指旧的一年被更替,新的一年又来了。

"除夕",也称"除夜"。在很多古诗中,我们都能看到这个名称,有些直接作为诗歌的标题。比如南宋诗人戴复古《除夜》:

扫除茅舍涤尘嚣,一炷清香拜九霄。

> 万物迎春送残腊，一年结局在今宵。
> 生盆火烈麦鸣竹，守岁筵开听颂椒。
> 野客预知农事好，三冬瑞雪未全消。

除夕夜到来之前，把自家的房屋打扫干净，点上一炷香，祭拜天地。世间万物送走残冬腊月，迎接春天的到来，过了今晚，一年就结束了。屋里盆火烧得正旺，屋外爆竹声不绝于耳。一家人吃着丰盛的年夜饭，听到大家用椒柏酒向长辈们敬酒的声音。农夫们已经预知明年是个丰收年，因为皑皑白雪还没有融化。可以看出，在南宋时，人们过年的方式和现代人就已经差不多了，要清扫房屋、祭祀、放鞭炮，还要守岁。

对于现代人来说，除夕有非常重要的几件事：吃年夜饭、给压岁钱、守岁。

中国人的年夜饭是家人的团圆聚餐，这是一年中最丰盛的一顿，也是人数最齐全的一顿。现代社意思。后来发展到小篆，原先的斧钺之形发生了变化，小篆歲（岁）变成了从步、戌（xū）声的形声字，这就是繁体字"歲"的来源。因为这个字形比较复杂，后来就简化成了"岁"。岁星就是今天所说的木星。木星绕太阳旋转，大约十二年运行一周，每年越行一个星次，这一时间长度等同于地面禾谷一年一熟的周期，因此"岁"也表示时间，和"年"同义。我们现在用"岁"表示年龄，其实就是出生多少年的意思。守岁，也就意味着守年，等待新年的到来。

著名词人苏轼曾经写了一首《守岁》诗，给我们描绘了宋朝时期人们的守岁图：

儿童强不睡，相守夜欢哗。
晨鸡且勿唱，更鼓畏添挝。
坐久灯烬落，起看北斗斜。
明年岂无年，心事恐蹉跎。

努力尽今夕，少年犹可夸。

为什么一定要熬夜守岁呢？民间有种传说，说"夕"是和"年"一样的怪兽，人们为了保证安全，总是在它出没的年关前后闭门不出，而且要放爆竹吓跑它，因此就有除夕守岁和放鞭炮的习俗。

这么漫长的夜如何消磨过去呢？古人围炉夜话，现代人的夜生活就更丰富，因此打发时间也很容易。亲朋好友往往聚在一起看春节联欢晚会，歌舞小品，精彩纷呈。在节目的欢歌笑语中，不知不觉一年就过去了。

春节

年(甲骨文)　　禾(甲骨文)　　龙(甲骨文)

舞(甲骨文)　　舞(金文)　　拜(小篆)

过完除夕，就是正月初一，我们期盼已久的春节终于到来了。春节是中国农历的新年，与清明节、端午节、中秋节并称为中国四大传统节日。在中国人的心目中，春节有两个，一个是正月初一，这是狭义的春节；另一个是从腊月小年开始，一直到元宵节结束，这是广义的春节。

春节，过去又称为元日、新元、元旦、正日等。民国时期引进公历后，为了区别公历和农历的两个新年名称，就把公历的一月一日称为元旦，而农历正月初一则称为春节。春节就这样作为一个节

日名，慢慢固定流传了下来。

春节是中国最盛大、最隆重的一个传统节日。所以在节假日中，放假时间最长的就是春节了，一般从除夕到初七，要放八天。这是一个阖家团圆的节日，人们在春节都尽可能地回到家里和亲人团聚。

在描绘春节的古诗中，人们最熟悉的莫过于王安石的《元日》诗。这里的"元日"指一年的第一天。诗中写到宋朝时人们过春节的习俗：

> 爆竹声中一岁除，春风送暖入屠苏。
> 千门万户曈曈日，总把新桃换旧符。

可以看到，爆竹迎年，是自古以来就有的春节习俗之一。在热闹的鞭炮声中，辞旧迎新。春风送来了温暖，人们欢快地喝着屠苏酒。太阳照耀着千家万户，人们忙着取下旧的桃符，换上新的。

诗中的屠苏是一种药酒，相传是唐代名医孙思邈发明的。新年时喝屠苏，既可以预防疾病，同时也寄予了留恋旧年、寄希望于新年的双重含义。而桃符最初是桃木做的长板，挂在大门上，左右各一块。在中国古人的观念里，桃木有辟邪的功能，因此门口挂桃符可以镇邪驱鬼，保佑家人。这种习俗，后来渐渐演变为贴春联。

爆竹，最开始真的是竹。一般是将竹筒放到火中，竹筒受热膨胀，爆出响声，用来驱鬼。这种天然的爆竹，后来被火药爆竹代替了。为什么要放爆竹呢？传说"年"是一种怪兽，经常在新年之际伤害人们，因此要用爆竹发出的声响驱赶它们。事实上，如果我们追溯"年"的古文字形的话，会发现把"年"当作怪兽的名字，实在太委屈它了。

"年"的甲骨文形体𠂉，上面的𥝌是禾苗，尤其突出了禾麦这些农作物成熟的颗粒，字形下面𠆢是人，合起来表示人背着禾，这个汉字构形描摹的是人收获粮食的形象，表示"庄稼成熟"。现代汉语"年成""丰年"等词中的"年"，就是这个意思。古代技术不发达，华夏文明的发源地黄河流域地区，农作物基本一年一次收成，春种秋收，粮食收获一次，意味着一年就快结束了。因此，"年"就有了"年岁"的意义，这也是我们现在非常熟悉的词义。

在春节期间，全国各地都有丰富多彩的贺岁活动，比如舞龙、舞狮、踩高跷等。

"龙"是中国神话中的一种动物，在甲骨文中就有"龙"的字形，说明这一事物很早就有记载了。狮子则是从西域传入中国的动物，因此在早期古文字中还没有它的字形。为什么要舞龙舞狮呢？这是因为龙和狮子是中华民族的象征。中国人历来就以"龙的传人"自居，而外国人则素以"东方雄狮"形容中国。

舞龙、舞狮，顾名思义，是以龙、狮作为舞动的主要对象。"舞"的甲骨文 ，像一个人手持羽毛状的东西跳舞。到了金文中，又给它增加了两只脚，以突出跳舞的意义，字形就成为 。所以，现代字形"舞"的下半部分" "其实就是两只脚。舞龙，主要以龙灯的表演形式居多。一般用竹木、草料等材料扎成一条龙，用彩绘加以装饰，并在龙身上装上蜡烛、灯火等，闪闪发光。舞狮，又称为"耍狮子"，一般由两人合舞。表演者披着毛制的狮皮，扮作狮子，或一大狮一小狮，或一人在狮头，一人在狮身和尾，做出各种狮子的动作，非常形象逼真。

踩高跷是中国很早就有的一种民间杂技，据说在先秦春秋时期就已经出现了。它在不同时期有不同的称呼，也称"跷技""踏桥"等。高跷一般用木头做成，上面有木托，表演者站在木托上，并把脚和托绑在一起，边走边舞。高跷的长短不一，有的有2米长，有的只有30厘米左右，非常考验表演

者的协调能力和平衡能力，一不当心就有可能摔下来。

当然，春节最重要的一项活动是拜年。过去拜年主要有两种方式，一种是见面跪拜，另一种则是送门帖，类似现代的节日贺卡。随着社会的发展，很多习俗发生了变化，就拜年而言，门帖已逐渐被电话、短信、微信等新型交流方式取代了。那么为什么叫拜年呢？

"拜"的小篆拜，左右两边都是手（手），其中右手下增加丁，这是"下"字。两只手和"下"组合在一起，要传达什么意思呢？有人认为这个字形表示拜的动作，是将两手一起向下。在古代，"拜"不仅仅是个动作，它还是一种礼仪文化，具体的表现形式多种多样。有的是下跪之后，两手相拱，俯头至手，称为"拜手"。也有的相当于后代的磕头，手、头都着地。现在人们的行礼方式都已经简化了，有些地方可能还保留着磕头的拜年方式，大多数则只是登门拜访，表达新年的祝福和问候，就称为拜年了。因为"拜"最初表示的是一种对人尊敬的礼节，因此它的词义中就含有尊敬的特点，比如"拜谢""拜访"，都不是一般的谢谢、访问别人，加上"拜"字，说明对对方的尊敬；"崇拜""膜拜"，则更加说明对别人的敬重与臣服了。

除了拜年，春节期间还有一项重要内容，那便是祭祖。当然，这种习俗也是因地而异。有些地方在除夕夜吃年夜饭前祭祀，有些地方则安排在春节的第一天。住在城市里的人，由于居住条件的限制，在春节时很少举行祭祀这种活动。在很多有家庙的地区，祭祀仪式就显得格外隆重。

"祭"最初的形体由"手"和"肉"组成，字形中的几点代表肉上的血滴，说明这是生肉。手拿着肉干什么呢？在古文字中，"祭"还写作，除了手和肉之外，字形中增加了，这是古代为去世的人所做的牌位，说明肉是献给祖先的。祭祀

时需要摆放的供品，从最初血淋淋的生肉，后来慢慢发展到现代的点心、水果等，应有尽有。

此外，过新年吃的东西也越来越多样，春节几乎就是享用美食的一个长假。对于小朋友来说，除了吃到各种好吃的东西以外，还会穿上新衣。红红的新衣，寄托着对来年美好的向往，这也正是中国特有的中国红的象征。

元宵节

正（甲骨文）　　宵（金文）

小（金文）　　月（金文）　　宵（小篆）

每年正月十五是中国传统节日之一——元宵节。元宵节一过，春节就真正拉上了帷幕。

正（zhēng）月是农历新年的第一个月份，为什么一月被称为正月呢？"正"最初其实就是"征"，它的甲骨文字形写作￼，上面的"口"代表目的地，下面的￼是"脚"。脚是用来行走的，因此合起来表示向某个地方前进，如"征伐"就是向某个国家前进讨伐。不过在甲骨文中，"正"已经用作正月。一种说法认为在殷商时期，每年的首月，都会举行巡狩的盛礼，这种巡狩相当于征伐，

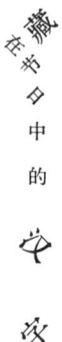

因此用征伐的"正"记录这个时间。

正月十五也被称为上元节、小正月、元夕或灯节,后来固定为元宵节。"元宵"之"元",和"元旦"的"元"相同,表示开始、第一。第一个什么呢?这就涉及"宵"的意思,现代汉语有通宵、良宵、夜宵等词语,这里的"宵"都是夜晚义。如通宵,就是一整个晚上;良宵,美好的夜晚;夜宵,本作宵夜,指时段,后来把在这个时段吃的食物也叫夜宵。古人还曾把萤火虫称为"宵烛",闪闪发光的萤火虫就像夜晚移动的蜡烛,真是非常贴切形象的命名。

所以,"元宵"就是一年中的第一个月圆之夜。"一年明月打头圆",从它的命名中,也可以看到这个节日重在夜晚的活动,就像"除夕""七夕"一样。

"宵"字为什么表示夜晚呢?我们都知道汉字是表意文字,也就是说,它的字形能够显示意义。

当然，发展到了现代汉字，有些字经过变化，不能直接显示出来，需要追溯到它比较早的古文字时期。

"宵"的金文 ⌂ 由三部分组成，上面 ∩ 是"宀"，下面 小 是"小"，𝒟 是"月"。这三个构件合起来表示什么呢？一般认为"小"提示了"宵"的读音，"宀"和"月"则传递信息，合在一起，表示月光入室。在房间里看到月光，那只能是晚上，因此"宵"作夜晚讲。

月光入室，是古人经常描写的画面。比较早的《古诗十九首》中就有"明月何皎皎，照我罗床帏"，皎洁的月光照到了我的床前。到了唐代诗歌鼎盛时期，诗人更是不吝笔墨，比如元稹《夜闲》诗（节选）：

风帘半钩落，秋月满床明。

杜荀鹤《山中寄友人》(节选):

破窗风翳烛，穿屋月侵床。

当然，我们最熟悉的还要数李白的《静夜思》:

床前明月光，疑是地上霜。
举头望明月，低头思故乡。

古人的夜生活并不丰富，大多数人都早早入睡了。半夜躺在床上还见月光的，估计都有点心事。上面的这三首唐诗，都借助月光传递了诗人悼念亡妻、想念朋友、思念家人等感情。借助古诗中的这种描写，我们可以理解古人造字时为什么用月亮和房子来表示夜晚的意思了。不过后来到了小篆中，"小""月"黏合变成"肖"，成为 肖，一直延续到现代汉字中。因此现在都将"宵"理解为从宀、肖声的形声字了。

要注意的是,"宵"可不能写成"霄"。"霄"从雨,最初表示高积云。因为高空是高积云形成的处所,因此人们也把高空称作"霄",如九天云霄。有一种花叫凌霄花,就是因为它借气根攀附在大树或其他物体上,节节攀登,就好像在高空中盛开着橙红色喇叭状的花朵。

元宵节之所以用夜晚命名,是因为这个节日的一系列民俗活动——赏花灯、吃元宵、猜灯谜、放烟花,都是晚上进行的。尤其闹花灯,是元宵节最具特色的活动之一,因此也被称为灯节。很多古诗描写了元宵夜晚赏灯的热闹景象,比如唐代诗人张祜写了一首《正月十五夜灯》:

> 千门开锁万灯明,正月中旬动帝京。
> 三百内人连袖舞,一时天上著词声。

元宵佳节，千家万户都打开了门锁，出门赏灯。此时正是正月十五，街上亮起无数灯火，热闹场面震动京城。无数宫女尽情地舞着衣袖，人间的歌舞之声直冲云霄，传到天上。整首诗描写了非常壮观的场面，气象恢宏。

比张祜所处时代早一点的崔液，也写了一组诗，命名为《上元夜》。这里的上元夜就是正月十五。其中一首是这么写的：

玉漏银壶且莫催，铁关金锁彻明开。
谁家见月能闲坐，何处闻灯不看来？

诗歌的前两句讲的是正月十五晚上，大家可以尽情玩耍，玉漏银壶这样的计时器都可以休息，不用催促别人。城门铁关的金锁，都会通宵彻夜地敞开。后两句用反问的手法，问到哪家见了今晚的月亮，能闲坐在家不出来？哪个地方听见了灯会，还不过来看看？诗人虽然没有正面描写元宵节的热闹场面，但处处都在暗示这一夜晚注定是狂欢的盛况。前两句之所以要讲时间、关门的问题，那是因为唐时都城晚上都要宵禁，私自夜行的人会被处以重罚，但在元宵夜，官府下令可以彻夜狂欢。

为什么元宵节要赏灯呢？民间有不少的传说。一种说法是佛教在汉朝时传入中国，汉明帝为了弘扬佛法，下令正月十五晚在宫中和寺院点灯敬佛，百姓在民间挂灯，从此这一习俗就流传开来。还有一种说法认为是起源于火把节。上古时期人们在乡间田野持火驱赶虫兽，以此祈祷丰收。现在中国有些地区还在正月十五时用芦苇或树枝做成火把，成群结队高举火把在田头或晒谷场跳舞。

成语"只许州官放火，不许百姓点灯"，也和元宵夜晚的灯火有关系。它出自宋代词人陆游的《老学庵笔记》，这部书记录了很多小故事。其中一则讲到北宋时期有位太守叫田登，脾气暴烈，为人

专制蛮横,尤其忌讳别人说他的名字,即使和"登"同音也不行。如果有谁不小心犯了忌讳,就会被鞭打。因此在他管理的那个地方,遇到正月十五元宵节,不允许百姓说"灯",只能改用与"灯"意思相近的"火"。"张灯"也变成了"放火",有些不明真相的人还因此被吓跑了,以为此地发生火灾了呢。后来"只许州官放火,不许百姓点灯"这个典故就一直流传下来,形容统治者可以胡作非为,百姓的正当活动却受到了限制。后来也形容放纵自己,却严格要求别人。

元宵节还要吃一种特制的点心。软软的糯米加馅,搓成一个圆球状,被称为圆子。宋朝以来就有了元宵吃汤圆的习俗,不过最初叫"浮元子"。现在南北方稍有差别,北方叫元宵,因为是在元宵节食用,而南方则叫汤圆,是指在水中煮熟的圆球形点心。为什么要在元宵节吃这种食物呢?其实就像中秋节吃月饼一样,天上明月、碗里汤圆,象征着团圆吉利，寄托着人们对于家人团圆的向往。

元宵节是一个红红火火、热热闹闹的节，正如唐伯虎《元宵》中写的：

> 有灯无月不娱人，有月无灯不算春。
> 春到人间人似玉，灯烧月下月如银。

只有灯、月、春、人四者俱全，这个元宵才算是真正地闹过了，春节也就被画上了一个圆满的句号。

清明节

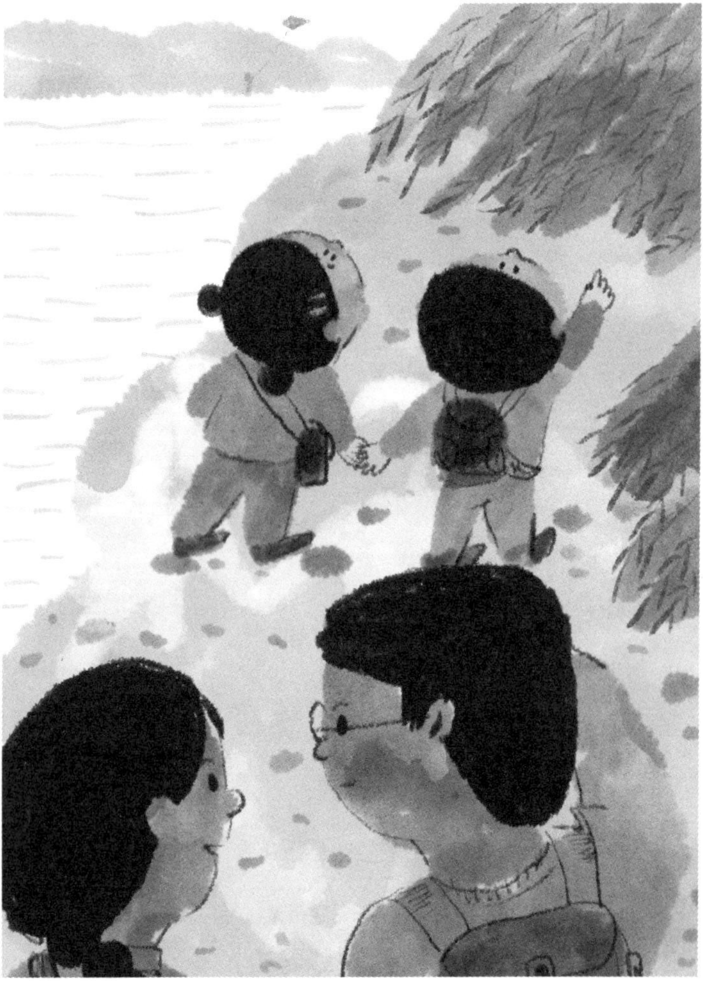

葬(小篆)　　草(小篆)

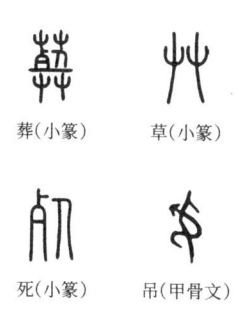

死(小篆)　　吊(甲骨文)

说起"清明",大家第一时间想到的可能是扫墓。这是因为这一传统文化已经深入人心,尤其是唐代诗人杜牧的《清明》一诗:

> 清明时节雨纷纷,路上行人欲断魂。
> 借问酒家何处有,牧童遥指杏花村。

这首诗几乎为清明奠定了永恒的基调。清明代表着对祖先的追思与缅怀,这是它作为节日的一个重要目的。中国和邻国韩国都专门设立了清明节。

之所以命名为清明节,是因为这个节日恰好在清明节气期间,一般在每年公历的4月5日左右。清明节也称为踏青节,因为此时正值春季到来,最适合人们亲近自然、踏青游玩。所以,传统的清明节是一个以扫墓祭祖、郊游踏青两大文化为主题的节日。

扫墓的习俗,最早可以追溯到周朝。远古时代还没有放尸体的棺椁,因此人死之后的埋葬特别简单,直接用丛草遮盖或掩藏,这种文化可以从汉字"葬"的字形中得以证明。"葬"由"草"和"死"组成,它的小篆字形 茻 体现得更加鲜明,上下都是 艸(草),草的中间是 歹(死),表示去世的人。"死"字下面还有一横,表示垫尸体的草席。正因为最初尸体只是用丛草掩藏,容易被鸟兽啄食,因而人们又常常拿着武器守候在旁边。所以汉字中有个字的字形与"弓箭"这种武器相关,却表示祭奠死者的意思,它就是"吊",过去写作

"弔"，由"弓"和"丨"组成。追溯到甲骨文 ，像人拿着一种用来射鸟的拴着丝绳的箭。虽然现在它经常表示悬挂义，但最初的意义也还保留着，组词为吊唁、吊丧等，表示祭奠死者、慰问家属。

随着人类文化的发展，人死之后逐渐采用土葬的方式。因此和坟墓相关的汉字，一般都用"土"作偏旁，如"坟"，从土、文声；"墓"，从土、莫声。细细区分的话，坟和墓之间也有区别。最初的墓没有土堆，只是平平的地面，而坟呢，则是指高出地面的土堆。虽然后来"坟墓"联合使用后，基本上坟墓都是隆起的，但大概是因为它们最初的这种差别，所以汉语中习惯说扫墓、上坟。墓是平的，因此可以像扫庭院那样清理，坟是有一定高度的，因此用"上"来表示这种动作。

人们祭祖扫墓主要是清除杂草、添新土、焚香烧纸、叩拜祖先。过去为了方便后人祭拜，能够准确找到坟墓，人们常常在坟墓上种植树木以作标记。最初，不同身份的人坟上种植的树木也不同。比如汉代《白虎通》中记载：

> 天子坟高三仞，树以松；诸侯半之，树以柏；大夫八尺，树以栾；士四尺，树以槐；庶人无坟，树以杨柳。

从这段文字中，我们可以看到，地位越高的人，坟墓的土堆也越高，种植的树木也越珍贵。这些坟墓前的树，有个专门名称，叫"冢树"。所以，在很多古诗中，坟墓和树木常常联系在一起，比如《古诗十九首·去者日以疏》（节选）：

> 出郭门直视，但见丘与坟。
> 古墓犁为田，松柏摧为薪。

诗人出城门放眼四望，但见遍地荒丘野坟。古时坟墓都已被犁成田地，墓地种植的松柏树都被砍作柴火了。

清明为什么要祭祖扫墓？这其实体现了中国人的孝道观念。正如《论语》中所讲："慎终追远，民德归厚矣。"对于去世的亲人，以虔诚认真的态度去祭祀，会让整个国家的民风都变得厚道，因此这一习俗就传承了下来。

清明节一方面因为悼念去世的亲人，笼上了一层肃穆悲伤的气氛；另一方面恰好又是春天到来之际，去郊外踏青游玩成为清明节的另一项重要活动。宋代词人欧阳修在他的《采桑子》中描绘了古人清明踏青的场景：

> 清明上巳西湖好，满目繁华。争道谁家，绿柳朱轮走钿车。
>
> 游人日暮相将去，醒醉喧哗。路转堤

斜，直到城头总是花。

从清明、上巳节开始，西湖的风光便日渐美好，随处可见车水马龙的热闹场面。游人们直到傍晚才渐渐离去，道路曲折蜿蜒，一路都是盛开的鲜花。这幅西湖边上的春游图，写出了宋时人们清明春游的热闹与欢快。

除了踏青赏春外，古人在清明时节的活动也非常丰富。唐代诗人王维在《寒食城东即事》中写道：

清溪一道穿桃李，演漾绿蒲涵白芷。
溪上人家凡几家，落花半落东流水。
蹴鞠屡过飞鸟上，秋千竞出垂杨里。
少年分日作遨游，不用清明兼上巳。

这首诗中写到了寒食、清明、上巳，它们最初是三个节日,但后来因为时间相近,慢慢合而为一,在唐代就统一为一个节日——清明节。人们欢快地玩乐,玩些什么呢?诗中讲到"蹴鞠""秋千"。"鞠"是一种皮球,它由"革"和"匊"组成。"匊"表示声音,"革"表示意义。"革"和"皮"同义,唯一的区别在于,"皮"一般是带毛的,而"革"是去毛以后的兽皮。鞋子、鞭子等都由皮革制作,因此字形中都有"革"。"蹴"是"踢"的意思,字形中的"足"就表示了与脚相关的动作。"蹴鞠"其实就是踢球,相当于我们现在的足球运动。这项运动据说在春秋战国时期就有了。诗中写到球飞上高空,屡次高过飞行的鸟,可见踢球水平相当不错。

"秋千"我们就更熟悉了,不过有没有想过,为什么把这种游戏称为"秋千"呢?它最初写作"鞦韆",看到字形中的"革",我们大概就知道它的意义了。原来它最初指皮带,由于古代秋千上的绳子主要是由皮制作的，因此便把这项运动命名为"鞦韆"。后来就简化为"秋千"了。"秋千竞出垂杨里"，在诗人的眼中，杨柳树下挂着的秋千荡起来，竞相飞出又飞回。一出一入的场景，让人浮想联翩。

除此之外，过去清明节还有拔河的习俗。明明是拔绳，为什么叫拔河呢？原来这里的"河"不是真正的河，而是指中间的分界线，称为"河界"。我们现在的象棋盘上，棋盘中间没有画直线的空白地带就称为河界。拔河这项运动，比的是哪一方先将绳拉过河界，因此称为拔河。

农历三月初的初春季节，正是人们送走冬天之后外出游玩活动的最佳时机。因此清明时节无论荡秋千、踢足球还是拔河，目的都是在天清气明的节日里，好好舒展筋骨，强身健体。

现代人过清明节流行吃青团。青团是用麦草汁（或艾草汁）和糯米粉均匀搅拌，使青汁和糯米粉相互融合，再包裹进豆沙馅等，蒸熟之后食用。这种点心往往可以保存一段时间，食用时冷却着吃都可以。清明吃冷食，这是古人很早就有的传统习俗。

不过最初这个传统是寒食节特有的。所谓寒食节，就是吃冷食的节日，这一天禁止烟火，包括生火做饭。因此只能提前准备吃的，到时只能吃些冷的食物。寒食节一般在清明节的前一天或两天，后来两者合并，但习俗保留下来了。所以宋代诗人王禹偁在《清明》诗中就讲道：

无花无酒过清明，兴味萧然似野僧。
昨日邻家乞新火，晓窗分与读书灯。

禁火之后，要重新换上新火，因此诗人向邻家"乞新火"。

为什么寒食节要禁火呢？传说春秋时期晋文公

赏赐他的臣子，其中有位名叫介之推的臣子不愿接受，背着母亲逃到山林中。晋文公为了让他出山，放火烧山，结果介之推竟然被烧死在山中。为了纪念他，晋文公就把放火烧山的这一天定为寒食节，禁止烟火。

直到现在，全国多地过清明节还有吃冷食的习俗。

端午节

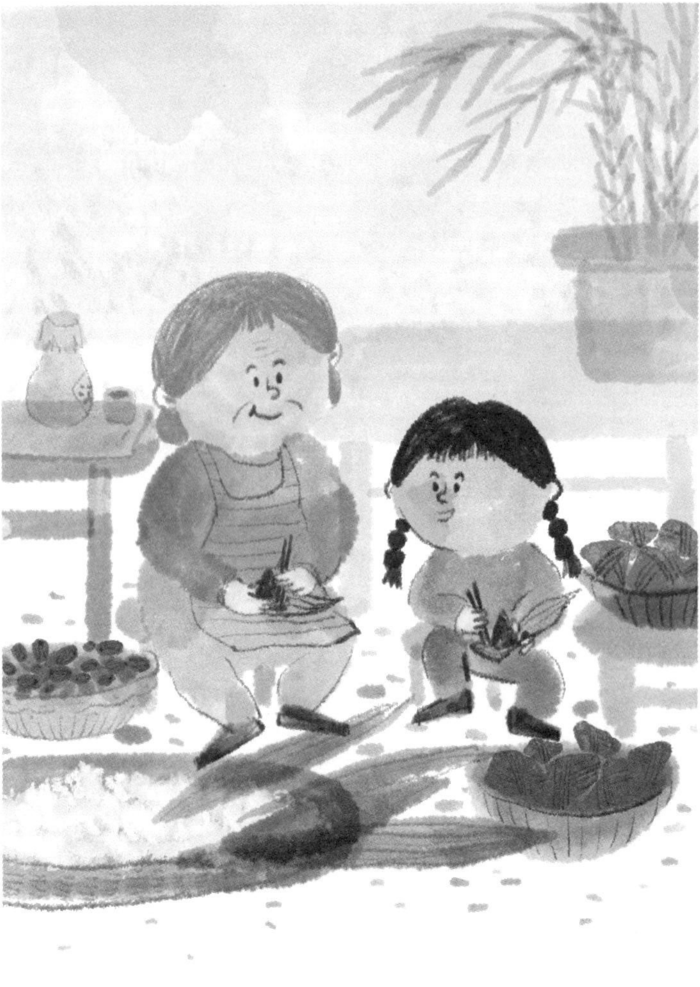

午(金文)　　春(甲骨文)　　嵩(金文)　　舟(甲骨文)

龙(甲骨文)　　龙(金文)　　龙(小篆)

宋代词人欧阳修有一首《渔家傲》：

　　五月榴花妖艳烘，绿杨带雨垂垂重。五色新丝缠角粽。金盘送，生绡画扇盘双凤。

　　正是浴兰时节动，菖蒲酒美清尊共。叶里黄鹂时一弄。犹瞢忪，等闲惊破纱窗梦。

这首词记载了我们的一个传统节日，你能找出

端午节

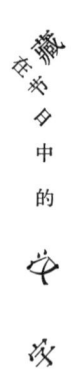

其中的线索吗？对了，"五色新丝缠角粽"，这里的粽子可以告诉我们欧阳修写的是端午节。

农历五月初五，是我国传统节日之一——端午节。端午节的名称繁多，其中从时间的角度命名，有重五节、五月节、重午节、午日节等。重五节，是因为五月五，两个五重复了，因此命名为"重五"，正如重阳节。五月节也容易理解。可是，重午、午日、端午中的"午"是什么意思？"端"又作什么讲呢？

很多人认为，将"五"改为"午"是因为两者同音。其实，除了同音之外，两者在意义上也有一定联系。

"午"字的金文 ↑ 像杵，"舂"的甲骨文 中就有"午"，整个字形由手、午、臼组合，表示两只手拿着杵在臼中舂米。后来"午"用作计时。中国古人有一套特殊的计时方法，叫天干地支法。什么是天干地支呢？"甲、乙、丙、丁、戊、己、庚、辛、壬、癸"，这十个字是天干字；"子、丑、寅、卯、辰、巳、午、未、申、酉、戌、亥"，这十二个字是地支字。天干从"甲"开始，地支从"子"开始，首先第一个搭配的就是甲子，依次类推，就会有乙丑、丙寅……比如2025年是农历乙巳年。这里的乙巳就相当于公历2025这个数字一样。"午"在地支字中，和"巳"居于中间。正因为有居中的特点，所以"午"也指一天中的中间段，如日中。我们现在把白天分为上午、中午、下午，是以午时为中点，在这之前，就是上午；之后，就是下午。

"五"作为数字，它在个位数中居中。居中者往往是两边的连接点，所以五、午都有居中、相交的特点。正因为五、午在声音和意义上都有相关的关系，因此用"午"代替"五"。"午"在这里也可以表示交替之意，五月五日双五交替。

至于"端"，最初其实是"耑"。"耑"的金文

字形 ▨，上面像植物的嫩芽，中间一横表示地面，下面像植物的根。嫩芽是植物的头部，代表了生命的开始，因此便有发端、开端之义。所谓开端就是开始，一端就是一头。过去元旦也被称为"端日"，意味着一年的开始。古书中还有"端一""端六"的说法，其实就是"初一""初六"，"端"相当于"初"，表示开始。每个农历月都有五日、十五、二十五这三天，第一个五日，就是初五，也可以用"端五"表示。因此"端午"之"端"相当于"初"，是指五月的初五日。

"端"和"午"的关系很密切，后来在皇宫的命名中，我们经常看到端门、午门。在北京故宫，天安门后是端门，端门之后便是午门。

端午节的由来有很多传说，其中最有名、流传最广的和屈原有关。正如唐代诗人文秀《端午》一诗所写：

节分端午自谁言，万古传闻为屈原。

堪笑楚江空渺渺，不能洗得直臣冤。

屈原是战国时期楚国诗人，他留下了《离骚》等非常有名的作品，收录在《楚辞》中。后来因为楚国被秦国所灭，这位伟大的爱国诗人便于五月五日自投汨罗江而死。

为了纪念屈原，民间便有了赛龙舟、吃粽子等多种民俗活动。龙舟，就是龙形或刻有龙纹的船。"舟"的甲骨文字形，看上去像两头翘起的船。所以汉字中以"舟"作偏旁的字，大多与船的意义相关，如"船""舰""艇"表示船只，"航"表示船只的动作等。

你可能会问，"盘"的字形中有"舟"，难道和船有关吗？还真有关系。盘是器皿，舟是船，两者怎么建立起联系的呢？根据出土文物，我们可以知道舟在最初主要是独木舟，往往由一根木头挖空而成。因此它在水中行驶时，遇到河流激进，容易打转。而盘子呢，你可以试一下，它同样可以绕着固定的点旋转。古人正是看到了两者之间具有这种运动轨迹的共通性，因此在造字时，将它们联系起来。"盘"的繁体字写作"盤"，由"皿"和"般"组成。"皿"表示盘子，是一种器皿；"般"从"舟"，在古代可以表示旋转义。"盤"（盘）不仅起到提示读音的作用，还揭示了盘子的这种特点。

"龙"是中国古人想象出的一种神物，从古文字中，我们可以看到古人眼中"龙"的形象。甲骨文 上为头，下为身体和尾巴；到了金文 ，字形左边增加了" "，这是"肉"；到了小篆 ，龙的头和肉黏合，与躯体、尾巴部分分开，这就是繁体字"龍"的来源。由于字形复杂，后来又将它简化为"龙"。我们现代的龙舟就像早期的这些古文字，船头是高高昂起的龙头，船身就像长长的龙身，船尾则是翘起的龙尾。为什么会有赛龙舟的习俗呢？传说屈原投江后，很多人划船追赶，慢慢就形成了这种民俗活动。

至于粽子，据说是怕鱼虾啃食屈原的身体，因此人们用竹筒装米投喂到河中。也有说法认为投喂的米是用来祭奠屈原的。不管最初喂给谁，慢慢民间就形成了五月五日包粽子、吃粽子的习俗。宋朝诗人胡仲弓在他的《端午》诗中，就记录了端午时节的这些习俗：

> 画舸纵横湖水滨，彩丝角黍斗时新。
> 年年此日人皆醉，能吊醒魂有几人？

彩色涂画的大龙船正停靠在湖滨等候竞赛，五彩丝线包扎的粽子，争相比新奇。每年端午节这天许多人都喝得酩酊大醉，又有几个人是真心凭吊屈原的？

为什么端午节大家会喝醉呢？这其实涉及端午时节另一项重要的饮食习俗——饮雄黄酒。顾名思义，雄黄酒是加入了雄黄的酒，而雄黄是一种矿物质，橘黄色，可以作药材。之所以要饮这种酒，是因为五月春夏之交，各种毒物都钻出地面，雄黄具有杀毒的功效。而在古人眼里，五月因为流行各种疾病，是恶月，五月五日也被称为"恶月恶日"。过去出生在这一天的孩子，常被视为不祥之人。战国时期有四位有名的贵族，世人称为"战国四公子"，其中一位公子——齐国的孟尝君田文就因为出生在五月初五，被他父亲遗弃，幸亏他的母亲偷偷将他抚养成人，最终才成就其功业。

从科学角度看，端午时节确实是蚊蝇蛇虫的出没时节，因此，除了饮雄黄酒外，民间还会佩戴香包，里面装上雄黄、朱砂、香草药等各种用以杀毒的药材。家家户户还会插艾叶和菖蒲，这两种植物同样具有驱赶蚊虫的功效。

这些流传至今的民俗，一方面给世人留下了很多美丽动人的传说，另一方面也让我们看到古人的生活智慧。

端午节

七夕节

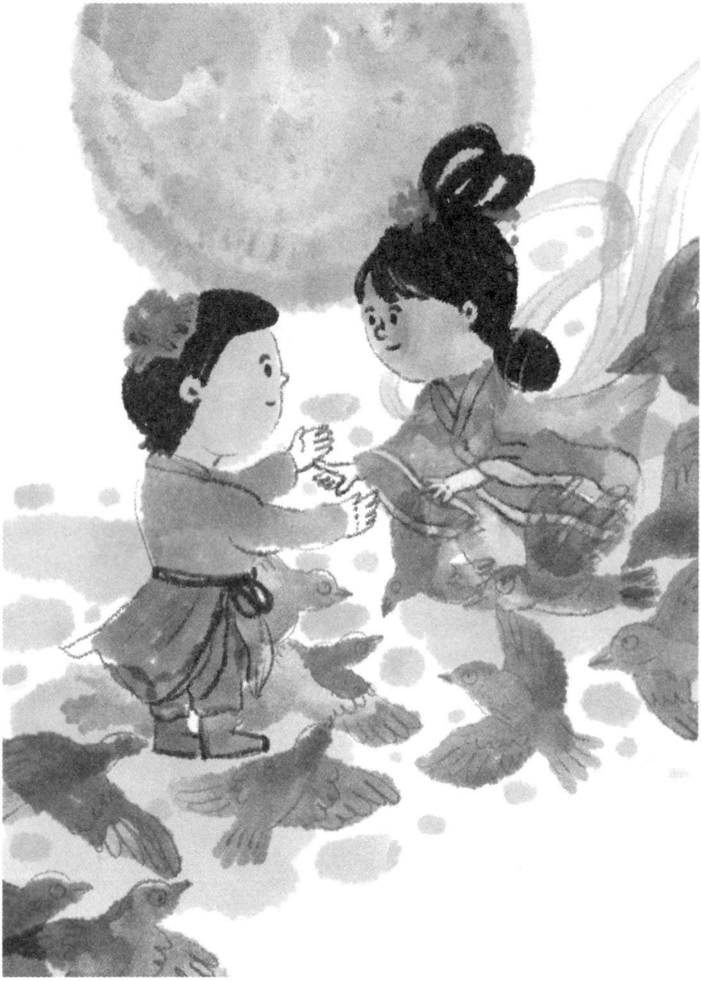

夕（甲骨文）　　女（甲骨文）　　安（甲骨文）

农历的七月初七，我们会迎来一个传统节日——七夕节。

假如将中国传统节日的时间排成序列，是否能够发现其中的规律呢？比如，春节是正月（一月）初一，端午节是五月初五，重阳节是九月初九……发现奥妙了吗？是不是古人喜欢取数字相同的时间作节日？我们把这样的时间称为"重日"，重，就是相同、重复的意思。"重日"，在古代被视为吉庆的日子，因此常常被用作节日。那么，"七夕"中的"夕"，是什么意思？

在早期的古文字中，"夕"和"月"是同一个字。"夕"的古文字形体 ☽，就像一弯月亮之形。已经有了"月"字，古人为什么还要造"夕"字来表示月亮呢？事实上，"夕"字虽然画成月亮的形状，但它并不表达月亮这个意思。想想看，我们现在是不是说起太阳，就会想到白天；说起月亮，就会想到夜晚呢？从科学角度说，太阳和月亮在宇宙中一直存在，但由于地球公转和自转的原因，我们一般只能在夜晚看到月亮。因此，月亮就有了一个特殊的象征意义——夜晚。所以，聪明的古人将"夕"写成月亮的样子，其实表达的却是夜晚之义。"除夕"就是农历旧年的最后一晚，"一朝一夕"就是一日一夜，指很短的时间。这些词语中，"夕"都指称"夜晚"这个词义。

"七夕"就是指农历七月初七晚上。为什么七夕节只强调晚上这个时间呢？让我们一起仰望盛夏的星空吧。夏日的夜空，在银河系的两侧，你是否力，负责干农活，所以"男"字本身就由"田"和"力"组成，表示在田地里干活出力的人。而"女"字呢，它的甲骨文字形像跪坐着的女子。古代早期，比如像先秦时代，人们在室内是席地跪坐的。因此，用跪坐的方式表示女子不外出，一般在家负责织布、养育孩子等。"安"的字形中同样有"女"，它的古文字字形由跪坐着的女子和房子组成，表示一个女子待在房子里。古时候的女子没有出嫁前，是不能随意出门的，等到出嫁后，一般也不能随便抛头露面。可以说，古代女性是不能轻易离开屋内的，因此用房子和女子这样的形象来表示安定、不动的意思。

古代女子有一双巧手，意味着她能为家庭作出非常大的贡献，也意味着生活的美满幸福。在唐代诗人林杰的《乞巧》诗中，我们可以看到古代女子在七夕节的普遍心愿：

七夕今宵看碧霄，牵牛织女渡河桥。
家家乞巧望秋月，穿尽红丝几万条。

在七夕的晚上，仰望着星空，仿佛看到了牛郎、织女在鹊桥上相会。家家户户在赏月时向织女乞求一双巧手，祈祷女红技术更上一层楼，穿过的红丝也有几万条了。

乞巧的习俗慢慢保留下来，不同地区有不同的方式。有些地方用面粉制作成各种小点心，用油煎炸，称为"巧果"。七夕晚上把这些"巧果"陈列在庭院中，女孩对着月亮穿针引线，以此祈祷织女赐以精湛的女红技艺。有些地方则捕捉蜘蛛，放在盒中，如果第二天开盒蜘蛛织网，便称为"得巧"。

还有一些地方，则发展为对女性手美的追求，因此又有了七夕染指甲的习俗。在我小时候，每到七夕节，女孩子们就会采摘不同颜色的凤仙花，放入蝉壳和明矾，将它们捣碎，涂在指甲上，并且用新鲜的毛豆叶子包扎。睡一晚上，第二天指甲上就有了鲜亮的颜色，粉色、橙色、鲜红色，非常漂亮。

时代变了，现代社会的女性不一定手巧，同样也可以通过自己的勤奋去获得幸福生活。当然，有一双灵巧的手，会为自己的生活增添色彩。所以，这个夏日，你是不是也会在七夕节的夜晚，向天上的织女星祈求一个心愿呢？

中秋节

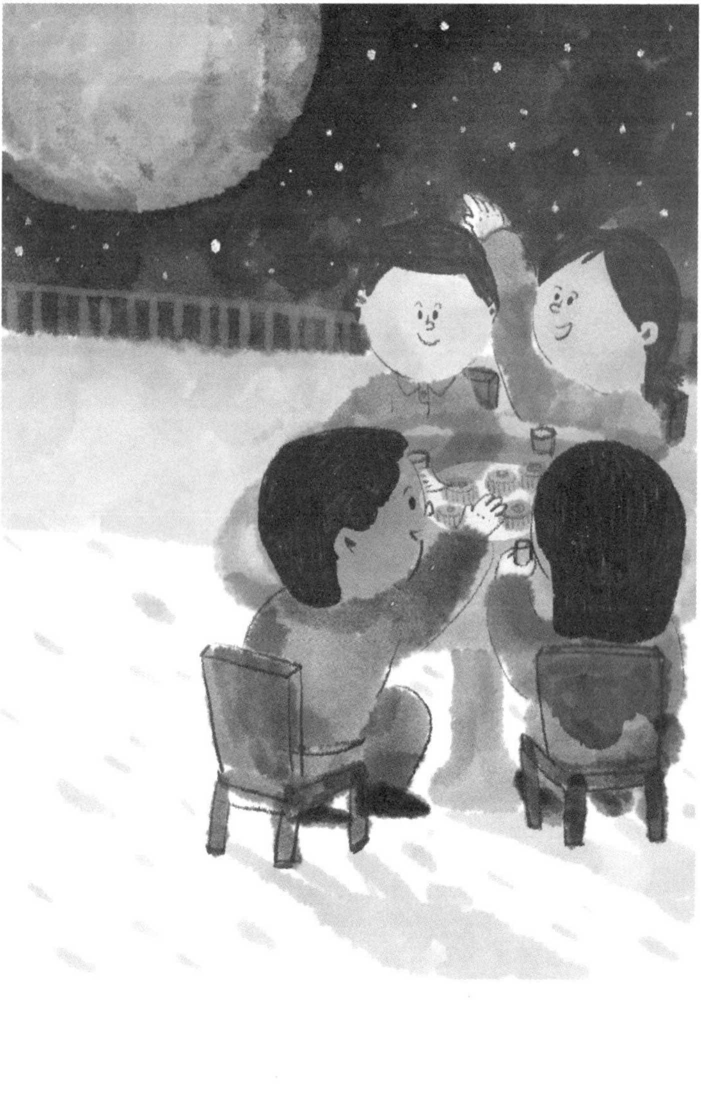

秋(金文)　龟(甲骨文)　秋(小篆)　月(甲骨文)　日(甲骨文)

望(甲骨文)　望(金文)　既(甲骨文)　即(甲骨文)

每年农历八月十五，我们会迎来一个象征团圆的节日——中秋节。它与春节、清明节、端午节并称为中国四大传统节日。和其他传统节日一样，中秋节的历史比较悠久，大约在唐朝就已经开始了，宋朝时固定为中国的民俗节日。2008年起中秋节被列为国家法定节假日。

因为是在每年农历的八月十五，中秋节也被称为"八月节"。众所周知，这个节日最鲜明的特点就是圆圆的月亮，所以它还有"月节"或"月亮节"的别名。之所以叫"中秋节"，是因为农历秋

中秋节

69

季一般为七、八、九三个月，八月十五正好在三秋之半，同时又恰好是八月正中间的日子，因此就有了这个名称。中秋，相当于秋之中的意思。

中秋节的起源有多种传说，比如对月亮的崇拜、祭祀女神嫦娥等。还有一种说法，认为中秋节源于古人在秋季庆祝丰收而举行的祭祀活动。从"秋"的字形发展变化中，也可以看到古人对秋天的认识是收获。

"秋"最初的古文字形写作，你可能难以想象，这分明就像昆虫嘛。有的学者认为是蟋蟀，也有的认为是蝗虫。不管是哪种，事实上，古人真是用昆虫形象来记录秋天这个季节。为什么呢？因为一到秋天，蟋蟀就开始鸣叫，蝗虫也在秋熟时盛行。而且，从古代的典籍中也可以发现古人很早就观察到了昆虫。以蟋蟀为例，在先秦典籍《诗经》中，就有以"蟋蟀"为题的诗："蟋蟀在堂，岁聿其莫。今我不乐，日月其除。"另外在《豳风·七月》中描写到不同季节时讲道："十月蟋蟀，入我床下。"到了十月，天气越来越冷，蟋蟀也从户外逃到室内了。

由于"秋"的古文字 🕱 和 🕱（龟）很相似，两者都是侧视图，上面是头部，左边是肢体部分，右边是整个身躯，因此用字时容易混淆。为了加以区别，人们就给"秋"重新造了新字形 🕱，由"禾"和"火"组成。"禾"代表了秋天收获的庄稼，"火"则代表了秋天的颜色，这个季节有金黄的稻谷、火红的树叶。

一年中最美的月亮当然是在中秋节，因此，中秋赏月便成了古代诗歌中经久不衰的主题。唐代诗人王建还从八月十一写到八月十五，其中最后一首写道：

> 合望月时常望月，分明不得似今年。
> 仰头五夜风中立，从未圆时直到圆。

诗人连续五个夜晚都在观赏月亮，从月亮未圆状态一直到十五满月。他还有一首非常有名的中秋诗歌《十五夜望月》：

中庭地白树栖鸦，冷露无声湿桂花。
今夜月明人尽望，不知秋思落谁家。

月光照射在庭院中，地上就像铺了一层雪白的霜，树上栖息着鹊鸦。秋天的露水无声无息地打湿了院中桂花。今晚人们都仰望当空明月，不知道这秋思之情落在了谁家？诗人把读者带进了一个月明人远、思深情长的境界。天上的满月，象征着人世的团圆，十五的月亮，寄托了人们对于美好团圆的向往。所以，诗歌中的月亮以满月居多。

与诗歌不同，汉字的"月"却表现了月亮弯弯的形态。甲骨文中的 ☽ （月），像一弯月牙，而"日"则写作 ⊙，像一个圆圆的太阳。月圆之时，月光给大地带来一片光芒，人们喜欢抬头赏月。这样的场景，在"望"的字形中也体现出来了。"望"的甲骨文 ✶ 像一个站立着的人，头部突出了眼睛，以此表示这是望的动作。后来字形又增加了"月"，变成了 ✶，表示站立着仰望星空中的月亮。因此，"望"最初就有抬头看的意思。不过，后来字形发生了变化，原先表示眼睛的部分变成了"亡"，下面挺立的人形也变成了"王"，最终成为我们现在的"望"字。

"望"的古文字形代表了抬头望明月，而农历每月的十五月亮最圆最亮，所以把这一天称为"望日"。再过一天就是农历十六，已经过了"望"，因此被称为"既望"。"既"的古文字形 ✶ 像一个跪坐在器皿前的人，但是掉转了脑袋，恰好和 ✶（即）相对，后者像一个跪坐在食器前面的人正要吃饭。两相对比，"既"字表示已经吃完，通过扭转的"头"来表示已经吃饱了。"既"便有了表示

中秋节

事情已经发生的意思,"既望"就是已经过了农历十五。

在吟咏中秋的诗歌中,除了月圆之外,桂树、桂花也是常见的描写对象。比如"冷露无声湿桂花"(王建《十五夜望月》)、"碧落桂含姿,清秋是素期。一年逢好夜,万里见明时"(张祜《中秋月》)。这是什么原因呢?原来在中国的神话传说中,嫦娥偷吃了灵丹,化为月精住在天上的广寒宫里。月宫中陪伴她的,除了玉兔之外,还有一位仙人吴刚。他被天帝罚在月宫里砍桂树,这棵树高达五百丈,什么时候砍断,什么时候就算结束刑罚。可是这棵树很神奇,砍出一个缺口,一会儿又愈合了。所以估计吴刚得一辈子在那里砍桂树了。正因如此,诗歌中常常有"月"便有"桂"。"月桂"还经常连用表示月亮,比如"长河上月桂,澄彩照高楼",诗中的"月桂"就是月亮。

月中的嫦娥、桂树、玉兔、吴刚,其实都是古人在地上见到月中阴影而形成的想象。这些美好的传说，留给我们无尽的遐想。赏月的同时，享用月饼和时令瓜果，也是庆祝中秋的一种习俗。俗话说得好："八月十五月正圆，中秋月饼香又甜。"

月饼大概在宋时就有了，苏轼有一首叫《留别廉守》的诗歌，其中有两句"小饼如嚼月，中有酥与饴"，可以知道当时的月饼用酥油和糖作馅，吃一口月饼，就好像咬一口月亮。到了现代社会，月饼种类越来越丰富，如果从生产的地域来分，有京式月饼、广式月饼、苏式月饼等。京式月饼主要是北京一代的月饼，它的特点是外皮酥松，是一种硬皮月饼。广式月饼主要在广州一代，这种月饼最大的特点是除了甜味，还有咸味的，一般以腊肠、腊肉、火腿等肉馅居多；苏式月饼则主要在江浙、上海一带，它的馅一般甜度比较高，用猪油、白糖、饴糖等调和，就像苏轼诗中所写。现在物流业发达，我们无论身处何地，都能吃到各地有特色的月饼。月饼成为中秋节的象征，所以有的地方也将中秋节称为"月饼节"。

圆圆的月饼，代表圆圆的月亮，象征全家团圆，正如我们元宵节吃元宵一样，元宵、月亮、团圆，都寄托着人们对美满生活的向往。正如苏轼在他的《水调歌头》中所写的：

人有悲欢离合，月有阴晴圆缺。
……
但愿人长久，千里共婵娟。

重阳节

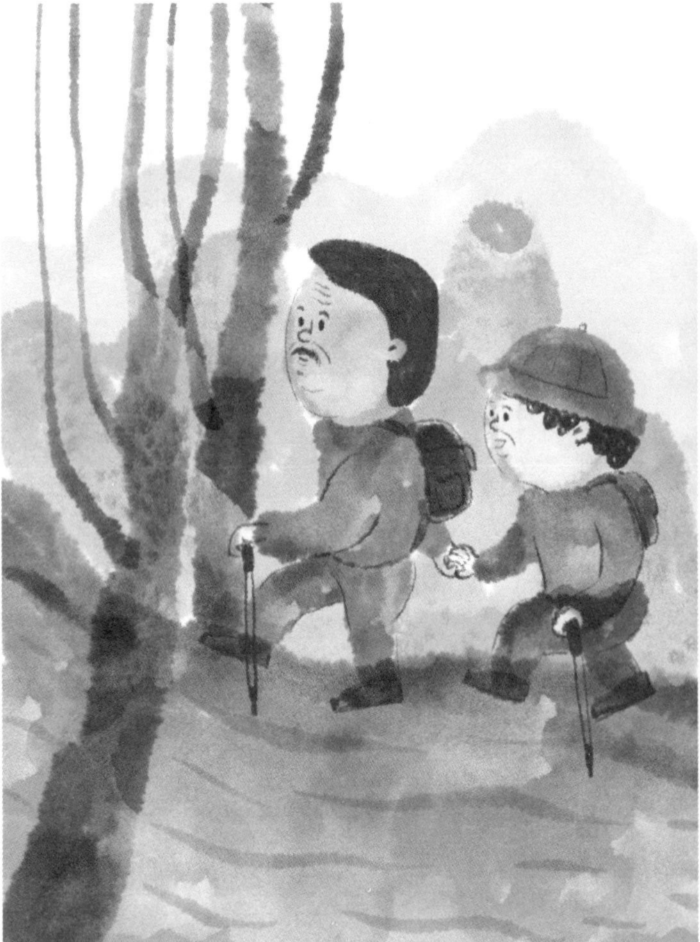

鼎(甲骨文)　　鼎(甲骨文)　　鼎(甲骨文)

古诗《九月九日忆山东兄弟》,很多人都能随口背诵:

> 独在异乡为异客,每逢佳节倍思亲。
> 遥知兄弟登高处,遍插茱萸少一人。

诗中讲一位远离故乡的诗人,遇到佳节时,思念远在"山东"的家人,遥想他们在干什么。诗中的"佳节"具体是什么时候呢?答案藏在题目中:九月九日。说得更确切些,就是农历九月初九,可

重阳节

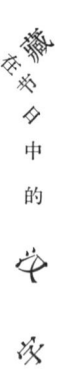

不能写成9月9日哦。

农历九月初九的这个节日，就是"重阳节"。在介绍七夕节的时候，我们曾发现中国的传统节日有一个特点，就是喜欢取月、日相同的数字来命名。因此，重阳节的"重"，就是重复的意思，表示这个节日中有两个"九"。那为什么不说"重九节"，却命名为"重阳节"呢？这就涉及中国古代奇妙的文化思想。

在中国古代，人们认为世界万物划分为阴阳两部分。比如人的性别可以分为男女，按照阴阳思想，男属阳，女属阴。同样，数字也分为阴阳。其中，奇数一、三、五、七、九属于阳数，偶数二、四、六、八属于阴数。九月初九，有两个阳数，因此称为"重阳"。

一般节日都会有一些传统活动，重阳节有哪些呢？我们去诗中找找。诗的后两句"遥知兄弟登高处，遍插茱萸少一人"，是诗人遥想自己家人在这一天的活动——登高和插茱萸。登高就是爬山；茱萸是什么呢？这两个字的字形中都有"艹"，所以，这是一种植物，具有杀菌、消毒的功效。为什么在重阳节这一天就要爬山、佩戴茱萸呢？

古书记载，传说汉代有位道士叫费长房，他告诉自己的弟子，农历九月初九这一天会有灾难降临，嘱咐弟子带领家人逃到山上，并且要佩戴茱萸。弟子听从师父的建议，等到傍晚和家人避难回到家，发现家中的鸡犬牛羊果然都得病死了。从此，民间在九月初九这一天便有了登高、佩戴茱萸这些活动。由于农历九月恰好是金秋时节，菊花盛开，慢慢地，赏菊便也成为了重阳节的一项活动。唐朝末年有一位农民起义领袖黄巢，他写过一首《不第后赋菊》：

待到秋来九月八，我花开后百花杀。
冲天香阵透长安，满城尽带黄金甲。

后两句讲到金秋的菊花香气阵阵，满地金黄，那是何等壮观的一幅赏菊场面。诗中同样点明了赏菊的时间——秋天的九月八，事实上，这里的九月八就是九月初九，为什么要改成"八"呢？那是因为诗歌要押韵。在这首诗里，首句末尾的"八"和第二、第四句的"杀""甲"押韵。因此，从这首唐诗我们也可以推测，至少在唐朝重阳节就有了赏菊的活动。李白的《九月十日即事》这首诗，就更加验证了这一点：

> 昨日登高罢，今朝更举觞。
> 菊花何太苦，遭此两重阳。

昨天刚爬完山，今天又再次举起酒杯宴饮。菊花为何这样受苦，遭到两个重阳的采折？重阳过后一日为小重阳，要连续两天宴饮，因此称为两重阳。从诗中我们可以看到，唐代时菊花在重阳节不仅仅用作欣赏，还用来制作菊花酒。

在重阳节这一天，除了赏菊之外，习惯上还要吃重阳糕。"糕"谐音"高"，由于重阳要登高，因此就有了吃重阳糕的习俗，寓意着步步高升。利用汉字的同音，寄托着人们美好的愿望，这是汉字独有的文化。

重阳节后来又被称为"老年节"，这是什么原因呢？这又与"九"这个数字相关。"九"是最大的个位数，而且，它的发音也和"久"相关。因此，这个数字还可以表示多、长久。有什么证据？你看，在很多成语中都有"九"字。比如，"九牛一毛"，这里的"九牛"就形容非常多的牛，"九牛一毛"是说很多牛身上的一根毛，比喻微不足道。《西游记》中唐僧师徒四人为什么要经历八十一难？这个"八十一"是怎么来的？背一下乘法口诀表，九九八十一，是九和九相乘而得，一个九就已经代表多了，九个九那就是多到极致了，所以这八十一

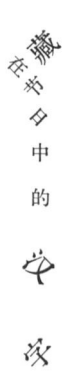

难也可以理解为非常多的磨难。

"九"有"多"的含义。它又是阳数中的最大数，因此，也代表了极致。比如我们脚底下的最深处就是"九泉之下"，头顶的最高处就是"九重天"，也称"九天"，所以李白在《望庐山瀑布》中讲道，"飞流直下三千尺，疑是银河落九天"，用夸张的手法描写了瀑布好像从很高很高的天上坠落下来，说明庐山瀑布非常高。极致，代表着最高点，古代的皇帝很喜欢用它。比如在早期社会，不同地位、等级的人，吃饭用的食器"鼎"的数量也不同。"鼎"字古文字形有多种写法，如🙾、🙾、🙾，但都是我们现在所见青铜器的样子——下面是鼎足，上面是两耳，有圆形的，也有方形的。最初，"鼎"类似我们现在盛饭菜的器皿。周天子地位最高，他用的鼎就是九个，比他地位低一点的诸侯是七个。以此类推，地位再低一点的是五个、三个。所以，九鼎是最高等级的，"一言九鼎"形容说话的分量非常重，作用很大。

如果我们去故宫游玩，会发现里面有很多与"九"相关的线索，比如赫赫有名的九龙壁，甚至大门的门钉纵横都是九个，称为"九路钉"。现在知道皇帝的家里为什么有这么多"九"的小秘密了吧？

中国人在这样的数字文化影响下，将美好的祝福寄予老人，希望他们的寿命也是越长越好，达到极致。重阳节也从最初的避难日，慢慢变成了一个充满了爱心的节日，被称为"老人节"，体现了我们中华民族尊老、爱老的传统美德。

寒衣节

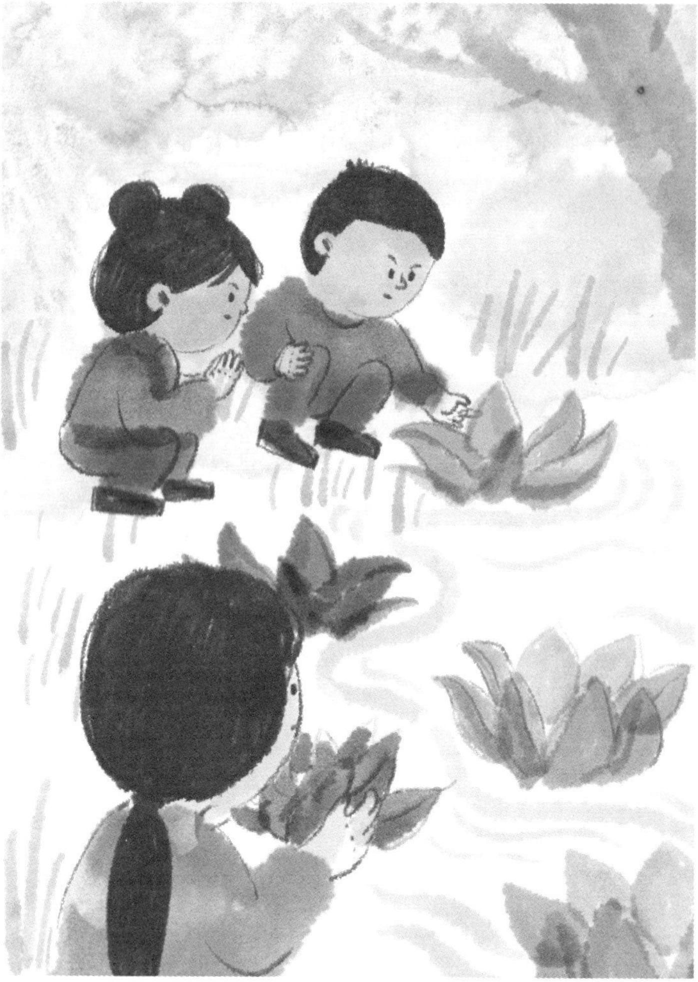

衣(甲骨文)　　寒(金文)　　寒(小篆)

寒(隶书)　　寒(隶书)

除了清明节，中国传统节日中的中元节和寒衣节也是祭祀祖先的。中元节在农历的七月十五，寒衣节则在农历的十月初一。现在我们就来说说寒衣节。

"衣"是衣服的意思。"衣"的古文字形上半部分像衣领，下半部分像衣襟。一般衣襟在胸前相交，左襟压右襟，在右腋下挽结，这叫"右衽"。但是古代少数民族的服饰一般是"左衽"，也就是前襟向左，不同于中原文化。所以孔子在《论语》中曾经感叹道："微管仲，吾其被发左衽矣。"意思

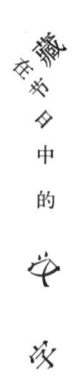

是如果没有管仲，周王室以及诸侯国可能不保，华夏民族就会被少数民族替代，我们就要和少数民族一样披散着头发，穿的衣服也是衣襟向左。

"寒"是一个常见字，意思也很容易懂，就是"寒冷"。有没有想过，这个字形和寒冷之义是怎么建立关系的？其实，在它现在的字形中，还是隐藏了一些线索的。请留意一下"寒"字最下面的两点，它相当于冷、冰、凉、冻中的"冫"。

"冫"是一个常见的偏旁，容易和"氵"混淆，两者到底有啥区别呢？仔细观察一下，从"冫"的这几个字，有一个共同的特点，那就是"冷"。"冰"是一种冷的东西；"凉"也是指温度不高；"冻"则更加寒冷了，冷到一定程度就冻住了。反过来，从"氵"的字，常见的有江、河、湖、池等字，这些字的共同特点是和水有关的区域，因此"氵"表示的是"水"。

"寒"字下方的两点其实就是"冫"，这部分就暗示了它和寒冷义有关。那这个字形的其他部分又怎么解释呢？我们可以看看它的古文字形：

寒（金文）　寒（小篆）　寒（隶书）　寒（隶书）

"寒"的金文看上去像什么呢？它的外围部分表示屋子；里面有四个，是"草"的意思；在"草"的中间有一个，这是"人"；人的下方是一只脚，下面的两横就是冰。可见，我们的古文字很像图画，那么这幅由房子、草、人、冰组合起来的图像，想传达什么信息呢？原来，它表示人躲在室内，用草避寒。因为寒冷是一种感觉，它没有具体的形象，不能直接画出来，所以只能借助人们避寒的这种方式来传达天气寒冷的意思。

这个字形后来演变到了小篆，大概是秦始皇那个时代。我们发现它又有了一些变化，人的脚没有了，"冰"的形体写成了"仌"。但不管怎样，意思还是用草来遮盖自己，以此说明天寒地冻。汉字继续发展变化，慢慢又到了一个新的阶段——隶书。这个阶段的"寒"字，最大的变化是"人"消失了，去哪里了呢？它变成了兀。最后，连四个草也变没了，它和原先变化了的"人"合并到一起，最终就写成了寒。

我们回顾了"寒"字的字形演变后，现在对它表达"寒冷"义的理解应该更深了吧？那么，寒衣是指寒冷的衣服吗？当然不是，除了在夏天可能要穿一些凉爽的衣服，一般穿衣的目的都是保暖御寒。尤其在古代社会，温饱是最基本的生存问题。

寒衣节在农历十月，差不多是初冬时节，天气逐渐变冷，这个时候就要开始添置御寒的衣服。古人在很早的诗歌集《诗经》中就表现过这样的生活习俗。其中有一首叫《七月》的诗，讲道"七月流火，九月授衣"。意思是到了农历九月，开始制备冬衣。中国古人历来重视孝道，人们在添置衣服的同时也会想念死去的亲人，于是，也为他们添加棉衣。就像给去世的亲人烧纸钱一样，聪明的古人，用纸做成衣服，在农历十月初一这天烧给亲人，以表达他们的关怀与思念。这就是寒衣节的由来，也被称为"烧衣节"。

民间还流传着孟姜女送寒衣的故事，有首民歌唱道：

> 十月里芙蓉十月一，家家户户缝寒衣。人家丈夫把寒衣换，孟姜女万里寻夫送寒衣。

传说秦始皇征集百姓修筑长城，孟姜女的丈夫也在被征之列。天气转凉时，孟姜女思念丈夫，千里迢迢奔赴长城给他送寒衣。结果十月初一到了长城处，才知丈夫已经累死。于是哭了七天七夜，便将寒衣烧了。因此，后来亲人去世后，便有了烧寒衣的习俗。

如果你住在城里，在农历十月初一，可能在上学的路上，尤其是十字路口，会发现地面有烧纸的痕迹，那就是寒衣节人们表达对已故亲人的思念。对于离开这个世界的人，我们的思念有多种表达方式，有的是扫墓，有的是烧纸衣，有的是放莲花灯。这些不同时节不同的习俗，都凝聚着深思，也表达了我们对于养育之恩的一种感念。

腊八节

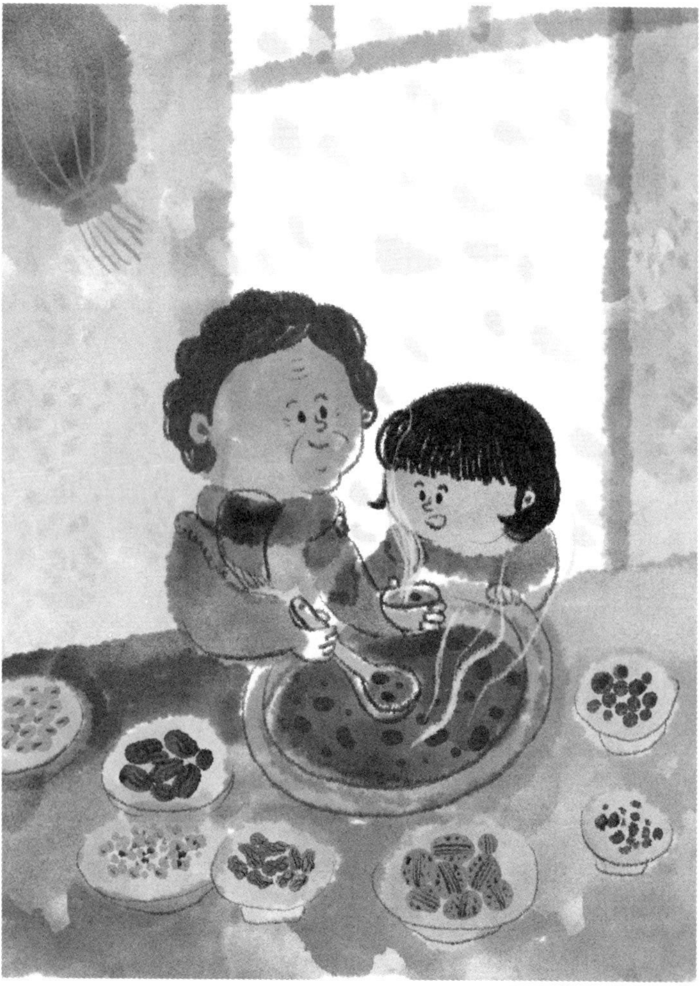

月(甲骨文)　　肉(甲骨文)　　祝(甲骨文)

每当唱起"小孩小孩你别馋，过了腊八就是年"这首童谣时，我们就知道，新年快到了。腊八节是农历十二月初八，南北朝时期中国就已将它定为节日。在这一天，传统的习俗是喝一碗热乎乎的腊八粥。正如老舍在《北京的春节》中所写的：

照北京的老规矩，春节差不多在腊月的初旬就开始了。"腊七腊八，冻死寒鸦"，这是一年里最冷的时候。在腊八这天，家家都熬腊八粥。粥是用各种米、各种豆，与各种干果熬成的。这不是粥，而是小型的农业展览会。

腊八节的"八"，就是指初八，而"腊"则指十二月。为什么要把农历十二月称为腊月？是不是因为到了冬天，中国有些地方，比如四川、湖南等，都喜欢吃腊肉，所以才这样命名？

其实，"腊"的得名，和打猎有关系。

"腊"最初是一种祭祀的名称，在年底的时候，人们为了祈求来年的丰收，要向百神献上打猎所获得的各种猎物。因为祭品是猎物，所以就把这种祭祀称之为"腊"，两者读音相近，以此说明它们都与打猎有关。并且，"腊"的字形中还突出了祭祀用"肉"这一信息。注意，这个字中的"月"，它可不是月亮、月份的意思。在我们的汉字中，还有很多和"腊"一样从"月"的字。比如，人体的各种器官名：肝、脏、胃、脾、臂、脚、腿。它们和月亮没有任何关系，那会是什么？我们再想想"胖"字，"胖"就是肉多。原来这些字中的"月"其实都是"肉"，人体器官和肉一样，都是人身上的组织部分，因此，字形都从"肉"。在早期甲骨文里，"月"和"肉"就很相似，你看：

月 —— ☽　　肉 —— ☽
（甲骨文）　　（甲骨文）

后来，为了给它们作区别，才分别写成"月"和"肉"。不过在汉字中充当偏旁时，"肉"依然写作"月"，叫"肉月旁"。

过去在农历十二月要举行一场"腊祭"，因此将这个月命名为"腊月"。腊月是农历的最后一个月，代表冬季。有些事物在冬天才产生，为了突出这一时间信息，便以"腊"命名。比如"腊肉"，是指在腊月里制作食用的肉，千万别因为有些腊肉是辣的，写成了"辣肉"。又如"腊梅"，其实它最初写作"蜡梅"，因为这种花香气似梅花，颜色又以鹅黄为主，看上去好像用蜡制成的。正如苏轼在《蜡梅一首，赠赵景贶》中所写：

天工点酥作梅花，此有蜡梅禅老家。
蜜蜂采花作黄蜡，取蜡为花亦其物。

后来大概因为它常在腊月盛开，因此又写作"腊梅"。

腊月是除旧迎新的最后一个月，每天都有不同的事做，就像北方童谣所念唱的那样："二十三，糖瓜粘；二十四，扫房子；二十五，冻豆腐；二十六，去买肉；二十七，宰公鸡；二十八，把面发；二十九，蒸馒头。"而在初八这一天，北方的习俗除了喝腊八粥，还要腌制腊八蒜。

泡在醋里的腊八蒜颜色碧绿，像翡翠般，故又被称为"翡翠碧玉腊八蒜"。北方人吃饺子喜欢就着蒜吃，因此泡蒜也是一种日常的生活需要。不过也有一种有趣的说法，认为腊月已进入每年的年尾，在腊八这天要清算一年的收支，所以实际是"腊八算"。后来为了避讳欠债，又因为"蒜"和"算"同音，就变成了"腊八蒜"，"蒜"就这样进入了腊八节的习俗中。

为什么要在这一天喝腊八粥呢？有关这方面的传说非常多。一种说法认为腊八最初出于祭祀，是为了向神灵祷告，祈求福佑，古人把这种行为称之为"祝"。"祝"的古文字形作，左边是古代用以祭祀的神主之形，用木头或石柱代表，右边是一个跪坐着的祷告者。"庆祝""祝福"中的"祝"，都是"祷告"之义。慢慢地，因为语音的相似混同，"腊八祝"就变成了"腊八粥"。

还有一种说法则和佛教创始人释迦牟尼有关。传说他修道时饥寒交迫，一位牧女给他送来了大米奶粥，使他恢复了体力，终于在农历十二月八日这天成佛。后人出于对他的纪念与敬仰，慢慢就形成了腊八喝粥的习俗。因为这个传说与佛教有关，所以在历朝历代，很多寺院会免费熬粥给天下的穷苦百姓喝，腊八粥逐渐成为心系他人的馈赠象征。宋代诗人陆游在《十二月八日步至西村》这首诗中，直接就把腊八粥称为"佛粥"：

> 腊月风和意已春，时因散策过吾邻。
> ……
> 今朝佛粥更相馈，更觉江村节物新。

诗人在"十二月八日"这一天，注意这里的"十二月"是指农历十二月，也就是腊八节，扶杖散步遇到村邻，看到百姓相互馈赠腊八粥，越发感到江村的新年气象。

腊八粥因了"八"这个名，里面的原料也是多种多样，放入红枣、花生、小米、红豆、黄豆等各种各样的食材，汇合熬成一锅营养极其丰富的粥。

不同的地方，腊八粥放的食材不一样，但相同的是那一口口喝入心田温暖的甜香，以及对新年的期盼。

元旦

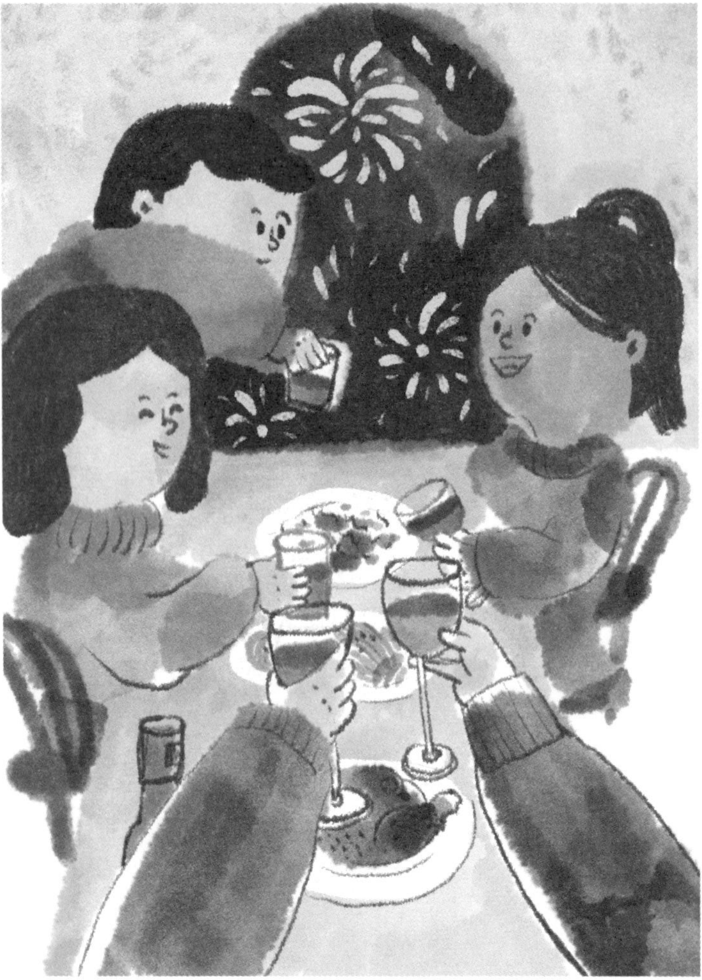

元(甲骨文)　元(金文)　冠(小篆)

寇(金文)　立(小篆)　韭(小篆)

在中国文化中，新年有两个概念，一是公历新年，二是农历新年。元旦是公历新年，在每年的1月1日。元旦并不是传统节日，它是比较晚才确定的。但"元旦"这个说法，古代很早就有了，比如南朝梁人萧子云《介雅》诗："四气新元旦，万寿初今朝。"宋代吴自牧《梦粱录》中讲正月时，说道："正月朔日，谓之元旦，俗呼为新年。"古人笔下的"元旦"，相当于我们现在的春节。为什么把新年的第一天称为元旦呢？这当然与元、旦最初的意义相关。

"元"字，甲骨文或写作🧍，或写作🧍，这些字形总体都像一个人形，字形最上方的横线代表了人的头部。金文更加凸显这一点，商代金文中有个字形🧍，这里的脑袋已经用黑点表示，更加形象。

"元"表示"头"，还可以在其他汉字中得到证明。比如"冠""寇"这两字中都有"元"，"冠"的小篆字形写作🗝，像人拿着帽子戴头上。"寇"的金文字形🗝，像外贼进入室内，用木棍击打人的脑袋。因此，"寇"往往指从外侵入的敌人，比如"日寇""倭寇"，都是指外国侵略者。

头是人体最上方的部位，而且也是非常重要的，因此"元"就有了"开始"等意义。新年第一天，这是一年的开始，便用"元"指称了。

"旦"由"日"和"一"组成，这里的一横象征地平线。用"一"表示地面的汉字可不少，比如"立"，小篆字形作🧍，像一人站在地面上，因此"立"有站立的意思。又如"韭"，小篆作🌿，像长在地面上的韭菜之形，同样"一"代表地面。"旦"的字形合起来像太阳升出地面，表示天明之意。如成语"通宵达旦"，从晚上一直到天明；"天有不测风云，人有旦夕祸福"，人的福气和灾祸就像天上的风云一样难以预测，短时间内都可能出现。旦夕就是一早一晚。中国有所非常著名的大学——复旦大学，它的得名就源于《尚书》中的"日月光华，旦复旦兮"，意思是日月光辉长久照耀，给天下带来永久光明。"旦"由天明又引申出白天、一天的意思，所以我们常说的"一旦"，其实意思是"有那么一天"。

了解了元、旦各自的含义后，现在我们就能解答出"元旦"的意思——"一年的第一天"。古代很早就有元旦的说法，不过那时指的是农历的正月初一。中国最后一个封建王朝——清朝被推翻以后，中华民国开始使用公历时间，规定阳历的1月1日是新年，阴历正月初一为春节。新中国成立以后，正式确立阳历的1月1日是元旦，农历的正月初一是春节，两个都作为法定节假日。

元旦是一个世界节日，意味着全世界都会为这一天举行各种庆祝活动。不过有意思的是，由于各个国家在地球上所处的位置不同，时间也不同。比如韩国比中国快1小时，假设现在我们是上午9点的话，韩国时间是上午10点。所以，每个国家元旦的日期也有所不同。据说，大洋洲的岛国汤加是世界上最先庆祝元旦的国家，而位于太平洋南部的萨摩亚是最晚庆祝的国家。你知道中国排名第几吗？它是世界上第十二个庆祝元旦的国家。

对中国而言，这两个新年中，人们更关注的是春节，可能是因为传承的历史比较悠久。现在春节一般放8天假，庆祝活动和传统习俗都比较丰富。而元旦法定假日只有一天，庆祝方式相对简单，一般组织联欢活动。

世界其他国家在元旦有着丰富多样的庆祝活

动。比如日本特别重视公历的新年，规定每年的12月29日到1月3日为全国休假日，他们把12月31日称为"大晦日"，类似中国农历的除夕。除夕午夜，日本各处城乡庙宇分别敲钟108下。

元旦

妇女节

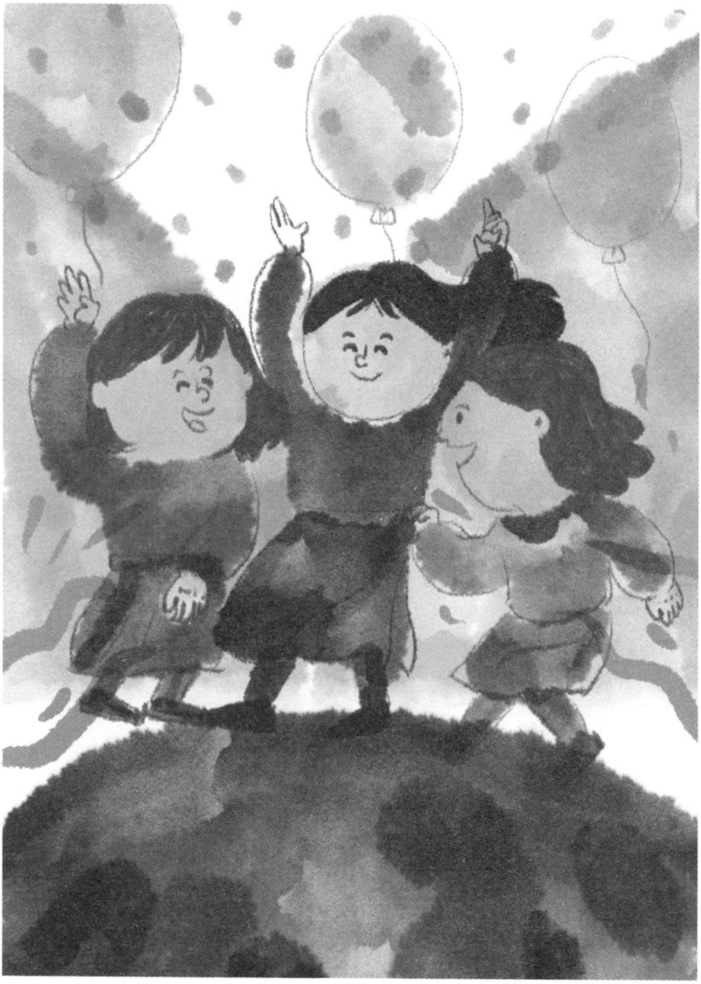

女(甲骨文)　帚(甲骨文)　妇(甲骨文)

妇(金文)　归(金文)

每年的3月8日是妇女节,这是一个专门为女性设立的节日,也称"国际劳动妇女节",可见这个节日并非中国独有,全世界很多国家都庆祝。在中国,有时也将其简称为"三八节"。有妇女节,相应地,不应该有男人节吗?妇女节的成立初衷是为了维护与尊重女性的权益。就中国而言,妇女在历史上的社会地位远低于男性。从妇、女两字最初的字形,也可以看到古人对于女性的认知。

"女"的甲骨文就像一位跪坐着的人。古人在室内主要是跪坐姿势,由此可见女性很少外出,

妇女节

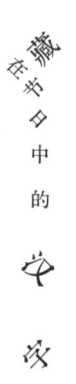

尤其贵族阶层的女子，一生或许只有出嫁那天才可以迈出大门。过去贵族阶层的院落中有两扇门，正门是第一道门，第二道门是闺门，闺门后就是家眷所居之地。因为女性出嫁前一般不宜迈出此门，所以汉语中就有了"闺女"的称呼。"闺"字也慢慢由"门"的称谓指向"人"，而且专指女子。唐代诗人白居易的《长恨歌》，描写的是中国四大美人之一杨贵妃，其中"杨家有女初长成，养在深闺人未识"两句讲的就是贵妃出嫁前的情形。现代汉语中的"闺蜜"，是指感情非常好的女性朋友，"闺"字同样具有女性的指称。

"妇"在甲骨文中最初写作 ✦ 。你知道这是什么含义吗？这个字形表示扫帚。上方是扫帚头，下方是扫帚柄和尾。为什么用扫帚来表示女性呢？在古代封建社会中，人们对女性的定位就是做家务，因此就用打扫卫生的"帚"代表妇女。后来，为了凸显女子的意义，字形又增加"女"，写作 ✦ （甲骨文)、𰯲（金文）。这些古文字都像跪坐的女子手拿扫帚之形，表示女子主要负责洒扫、做饭等家务。古人给"妇"造字的思路，就像给"男"造字一样。"男"由"田"和"力"组成，表示男人负责在地里出力干活。

从"妇""女"两字的字形中，我们可以看到中国古代"女主内，男主外"的社会分工。因为女子的定位是在家庭内部，所以"妻子"也称为"内子"或"内人"，反之，在社会抛头露面的"丈夫"就称为"外子"。女子的活动范围以家庭为主，自由而然地就被剥夺了很多的自由与权利，也无法充分发挥她们的聪明才智。最关键的是在封建社会中，女子即使在家，也没有绝对的自主权利。

过去社会给女性灌输的观念就是温顺、服从。服从谁呢？服从男性——父亲、丈夫、儿子。对于女性而言，真正的家也不是她出生的家，而是夫家。因此"出嫁"这件事反而被视为女子回归，这就是"归"为什么兼有温顺、服从这两个意思的原因。"归"字，现在的常用义是"返回"，如归还、回归、归心似箭等。但其实最初表示的是出嫁义，它的金文字形 ![] 就暗示了这一信息，字形右边是 ![]（妇）的省减，省去了"女"。左上部分是"㠯"，用来提示这个字的声音，左下部分"彳"表示行走，合起来表示女子出嫁。现在的"归"字是简化字，我们已经看不出它最初的造字意图了。

除了在家庭中女性地位远低于男性外，汉字中还隐藏着大量歧视妇女的信息。比如一些表示贬义的汉字，如嫉、妒、奸、妨、妄、婪、佞等，它们的字形都是"女"字旁，似乎在造字者眼里，这样的行为只发生在女性身上。尤其是偷盗这种行为，它最初写作"婾"，后来才改为"偷"，用"人"这个偏旁替代"女"，不仅仅是字形的改变，也代表了对女性态度的改变。

女性受到了太长时间的压迫与不平等对待，随着时代的发展，女性自身的觉醒和社会的进步都促使男女地位逐渐平等，妇女节也从最初对女性的尊重、欣赏，慢慢发展到庆祝女性在社会各个领域所取得的成就。所以，这个节日的女性对象主要是已经具备独立工作能力的女子。当然，为了显示对女子更多的赞美，妇女节也常被称为"女神节"，而对于年轻的女性，我们也用"女生节"来为她们庆祝。

儿童节

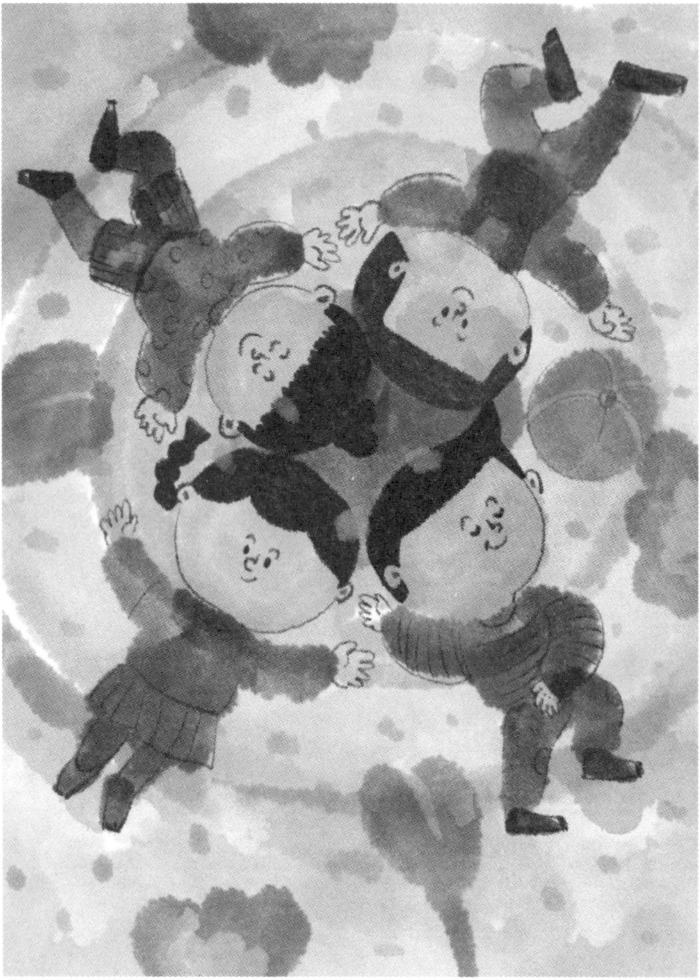

| 儿(甲骨文) | 童(金文) | 民(甲骨文) | 民(金文) | 臣(甲骨文) |

| 臣(金文) | 幼(甲骨文) | 斗(甲骨文) | 斗(小篆) | 牧(甲骨文) |

每年的6月1日是孩子们翘首以盼的日子，因为这一天正属于他们的节日。尤其对于上了学的孩子们，每到六一，学校就会组织各种丰富的庆祝活动，简直是欢乐的海洋。

这一天的欢乐只属于我们中国小朋友吗？当然不是，六一儿童节是国际节日，这是全世界小朋友共同庆祝的节日。设立儿童节的初衷是为了纪念死于战难的儿童们。在人类历史上，世界屡次发生战乱，很多幼童被战争无情地夺去了生命。所以在和平年代，我们更要珍惜这来之不易的幸福生活。

这么快乐的节日，一直能过到什么时候呢？那就得看儿童是指多大的小孩，古人是怎么认识的呢？一起看看"儿""童"的历史吧。

"儿"的甲骨文 像个人，不过字形上半部分是 ，像人的囟门还没有合拢。而囟门未合拢，这是婴儿时期才会有的特征，因此"儿"最初是指很小的小孩。在现代汉语中，我们用"婴儿"来指称小孩，其实在过去"儿"主要指男性小孩。"婴"的字形中有"女"，也可以推测出是和女孩有关。现代汉字中的"儿"字，其实只表示人体的躯干部分，原先突出囟门的头部慢慢省减了。

"童"的字形完全看不出和人相关的意义。它的金文 由三部分组成：由上到下，分别是 （辛，qiān）、 （目）和 （重）。"重"表示声音，真正提示"童"字意义的是"辛"和"目"。"辛"表示刑具，很少独立使用，经常用作其他字的部件。因此由它组合构造的字，一般与犯罪有关，比如"妾"，这个字最初是指有罪的女人，即女奴的意思。

"目"很简单，就是眼睛，难道"童"是指罪犯的眼睛吗？事实上，在古文字中，早期一些表示奴隶的字，如"民""臣"，在造字时常常用眼睛表示。"民"的古文字 ▯（甲骨文）、▯（金文）都像一只眼睛中有针状物刺入。"臣"的古文字 ▯（甲骨文）、▯（金文）则直接画的是一只竖立的眼睛。所以"童"字的本义是有罪的男奴。

奴隶又怎么会和孩子的意思相关呢？其实这和古代处罚罪犯的方式有关。过去有一种刑罚叫髡刑，就是把头发剃光。你可能会想，这不相当于我们现在的理发吗？理发怎么就成了一种处罚方式呢？原来，在古人的文化观念中，身体上的毛发都是父母给予的，不能随便损坏，否则就被视为不孝。古书《孝经》中就讲过"身体发肤，受之父母，不敢毁伤"。所以古人都是留长发、长胡子，

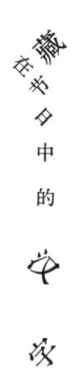

偶尔才会修剪一下。表示罪犯的"童"因为这种处罚方式，就有了光秃秃的含义。假如有座山，光秃秃的不长树，在古代汉语中，我们就可以说是"山木童"。

"童"之所以能够指称儿童，就与它的光秃有关。过去孩子出生三个月之后，男孩留下囟门两旁的头发，女孩头顶留下十字形的头发，其余都要剪掉，因此被称为"童"。这种风俗流传到现在，我们仍然有剪胎毛的习惯。

通过对"儿""童"的词义追溯，可以看到它们最初指向的孩子还都是婴幼儿阶段，不过"儿童"联合使用后，慢慢就指称一切小孩了。除了"儿童"外，古代对小孩子的称谓还有"幼儿""稚子"等。

"幼"的甲骨文形体由两部分组成，分别是（力）和（幺）。"幺"的形体像细小的丝线，表示"小"。现在南方一些地区的方言中，还保留这个意思，如"幺儿"是小儿子，"幺叔"则是最小的叔叔。因此，"幼"由"力""幺"组合，表示力气小，以此指年少之人，因为年纪小力气就小。

"稚"，最初写作"穉"，这是一个形声字。"禾"一直保持不变，因为它能提示汉字的意义，这个字最初表示幼小的禾苗，后来也用来指幼小的孩子，因为它们都有共同的特点：嫩弱。无论庄稼还是人类，幼小阶段还没有成熟，所以"稚"有不成熟的意思。"稚气"是一种无知而天真的状态。"稚子"指小儿，还没长大的孩子。

"稚""幼"因为意思相同，所以也经常连用，"幼稚"形容头脑简单或缺乏经验。幼儿园，也可以称为幼稚园，不过这里的"幼稚"，主要是指天真的意思。

在中国的古代诗词中，我们也可以看到古时儿童丰富多彩的生活，比如斗草、骑竹马、放牛等。

什么是斗草呢？用草争输赢。这里的"斗"表示争斗，它的甲骨文形体𩰫非常形象地画出了两个人搏斗的样子。发展到小篆，写作𩰋，人的形象渐渐淡化了，两边是人的轮廓，中间是两只手。后来汉字简化时就写成了"斗"。

斗草分为文斗和武斗两类。文斗是各人收集花草，一人报一种花草名，另一人也拿出花草并对答，一直"斗"下去，最后谁收集的多，谁就赢。这种比斗实际在比拼植物学知识。而武斗呢，是指比赛双方采摘有韧性的植物茎条，钩在一起，交叉成"十"字，并且各自用力往后拉，哪一方的草茎先断就算输了。这种比斗比的是力气和植物的韧性。据说这种游戏最早见于魏晋南北朝，后来一直流传于世。

古代儿童斗草主要是武斗，范成大的《春日田园杂兴》写道"青枝满地花狼藉，知是儿孙斗草来"。估计孩子们比了很多次，地上满是植物的茎叶。白居易在《观儿戏》中同样描写了一群三四岁、七八岁的小儿，整天摸爬滚打斗草玩：

> 髫龀七八岁，绮纨三四儿。
> 弄尘复斗草，尽日乐嬉嬉。

骑竹马是一种传统的民间儿童游戏，深受孩子们尤其是男孩子的喜欢。将一根竹竿"骑"在两胯之间，竿尾着地。一只手握住竿头，另一只手挥舞木棍等，嘴里喊着"驾、驾、驾"等，就像骑马一样奔走起来。李白在《长干行》中就描写了一对小儿女幼年时的嬉戏画面，其中就有骑竹马，"郎骑竹马来，绕床弄青梅"。成语"青梅竹马"就出自这句诗，表示儿女嬉戏、天真无邪的情谊。在宋代文人陆游的笔下，可以看到诗人童心未泯，和孩子们一起玩耍竹马游戏，"花前自笑童心在，更伴群儿竹马嬉"（《园中作》），"不如扫尽书生事，闲

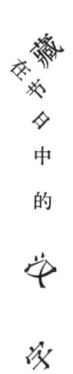

伴儿童竹马嬉"(《纸墨皆渐竭戏作》)。

放牛,在现代小朋友的眼里,可能是一项劳动,并非游戏。但在古代儿童的生活中,他们和牛羊一同快乐成长。因此,历代文人的笔下,留下了很多牧童的快乐场景。"牧"的甲骨文,左边是"牛"字,右边是一只手,手里拿着小棍子,用来驱赶牛、羊等动物,所以"牧"的古文字就很形象地描绘出放羊、放牛的场景。古诗中的牧童千姿百态,有的吹着笛子,慢悠悠地骑着黄牛,潇洒、自在,如黄庭坚的《牧童诗》:

骑牛远远过前村,短笛横吹隔垄闻。

有的牧童则是趁机偷懒酣睡,任由牛儿随意吃草的,如杨万里的《桑茶坑道中》:

晴明风日雨干时，草满花堤水满溪。

童子柳阴眠正着，一牛吃过柳阴西。

可见，无论古代还是现代，童年生活都很丰富多彩。我们现在对儿童的法律年龄规定是0—18岁，但事实上一般到初中以后就不过儿童节了。虽然没有儿童节，但也别懊丧，因为长大之后迎接你的又有其他节日呢。比如青年时期有五四青年节，成年时期或许你当了爸爸或妈妈，又有父亲节、母亲节了。为什么会有这么多节日呢？人生的每个成长阶段意味着进入不同的人生角色。所以，孩童时期，就好好享受儿童的快乐与纯真吧。

教师节

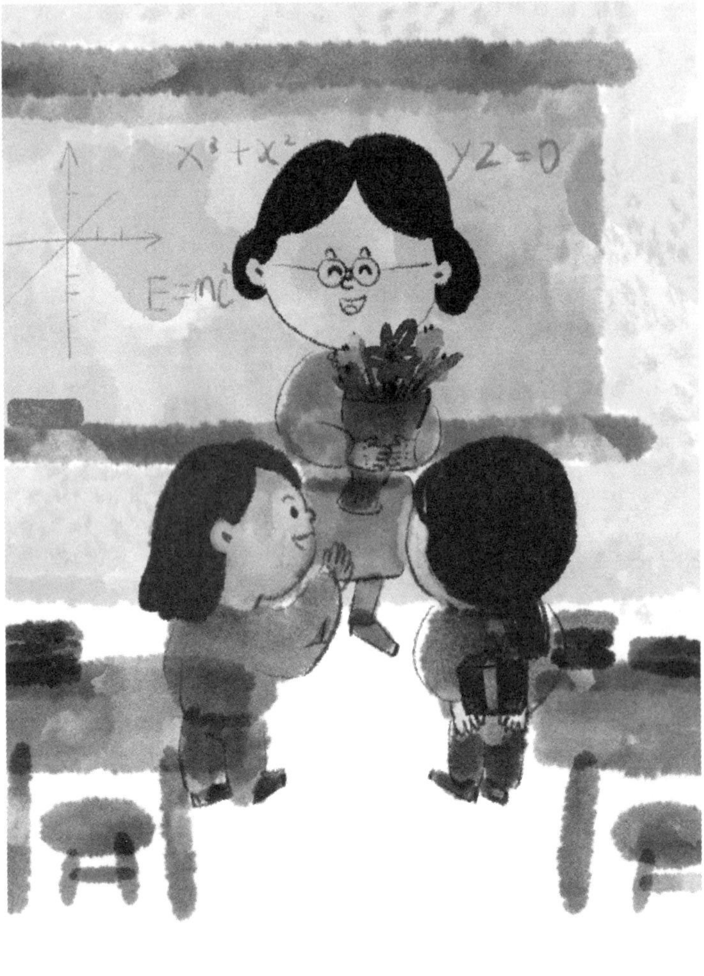

保(甲骨文)　　保(金文)　　教(甲骨文)

9月10日,是中国的教师节。这个节日的设立,是为了表达对教师的尊重与肯定。中国的第一个教师节,始于1985年。很多国家和地区都有自己的教师节。比如,我们的邻国韩国,教师节定在5月15日。我们的宝岛台湾地区则把教师节定在9月28日,因为这一天是孔子的诞辰。

为什么要设立教师节呢?因为,教育实在是太重要了。《三字经》中有一段我们耳熟能详的话:

人之初,性本善;

性相近，习相远；
苟不教，性乃迁。

意思是说，每个人在刚出生的时候天性都是善的。想想看，我们还是小宝宝的时候，是不是人见人爱、花见花开？可是慢慢长大后，每个人却有了不同的习惯、不同的人生。有的人还保留着这份出生时的纯真，有的人却做了一些坏事。怎样才能永葆这份善呢？只有通过接受教育。

因此，在中国古代，很早就有了教师这种身份的人。不过，那时候可不是人人都能上学的，只有贵族子弟才有资格接受教育。那些负责教育的官员叫保氏或师氏。"保"的古文字形体 最初像一个人手臂向后背着一个孩子。后来在字形的演变过程中，背后托子的手形与人体分离，变成 ，像一个大人背负着一个小儿，用这样的字形来表示养育、抚养的意思。我们现代常说的"保姆"，就是照顾人的女性。保姆中的"保",还表示这个意思。从最初将这些类似教师的官员命名为"保",可以看出古人对老师职责的认识——不仅仅是教授知识,更重要的在于能将孩子养育成人。因此,中国有句俗话:"一日为师,终身为父。""保"字专指王公贵族的老师,在中国历史上,有一个官职叫太保,主要是辅导太子的。

随着社会的发展,教育不仅仅面向贵族,普通的百姓也能享有这种权利。是谁推动了教育的普及呢?或许有的读者张嘴就能回答:孔子。对,就是这位古代伟大的思想家,他提出"有教无类",意思是不分出身、不分地域、不分智力高低等等,只要愿意受教,老师都要好好教育。这样就推动了教育的普及,而不仅仅局限在贵族阶层。他还有很多非常精彩的教育思想,都保留在《论语》这部书中。比如他提出了"因材施教"的教学方式,就是根据学生的性格、特点、能力提出不同的要求,采取不同的方法，进行不同的教育。如果孔子穿越到现代社会，那他绝对能被评上全国模范教师。说到这儿，想必你就明白为什么台湾地区把孔子的诞辰定为教师节了吧？

随着教育的普及，教师的称谓也越来越多。其中，最常用的就是"师"。《论语》中经常用到，如"三人行，必有我师焉""温故而知新，可以为师矣"，等等。"师"字最初是军队的意思，宋代诗人陆游在《示儿》中写道："王师北定中原日，家祭无忘告乃翁。"王师，就是指南宋军队。因为军队人数多，"师"就有了众人的意思，如成语"兴师动众"指动用很多人做事。人多需要有人带领，这个领导者古人就称为"师"，因此"师"又成为掌管某一专门职责的官，比如"乐师"就是掌管乐队的。掌管者一般都有某项技艺或本领，所以负责教育、传授本领的人被称为"师"，如"厨师""工程师"中的"师"都是这个意思。

后来，对教师的称谓，由"师"又变为"老师"。不过，"老师"起初可是指年老资深传授学术的人。到了现代，这个"老"字，就和老虎、老鼠的"老"一样，不再表示年纪了。不然的话，我们的老师就都是爷爷奶奶了。

小朋友都喜欢很温和的老师，期望做错事了也不要挨批评。但事实上，严格教育究竟好不好呢？这就要说到我们古人的教育理念。古代教书先生手边常备一根戒尺，做什么用呢？用来惩罚学生。如果学习不认真，就用它来打几下手板。这是因为我们的古人奉行"严师出高徒"的理念，认为只有严格教育，孩子才会成材。

因此，"教"的古文字形就生动地体现了这一点。你看，它的甲骨文形体 𢽾 由三部分组成，左边上半部分是 ✕（爻），表示这个字的读音。左下半部分是 𠔃（子），表示教学的对象是小朋友。右边 ⺙（攴，pū）就是一只手拿棍棒的形体，表示要对学习过程中的违规违纪者进行惩罚。"攴"后来在左右结构的汉字中一般都写成"攵"（也称为"反文旁"），因为它最初是用手持棍子的形体，所以从"攴""攵"的字与敲、打等动作义相关，如"寇"由宀、元、攴组成，"元"最初指脑袋，有人拿着棍子进入别人的屋内，敲打他的脑袋，这不就是外来的敌人吗？所以"寇"就有侵犯者的意思。从"攵"的字，如"牧"，就是用鞭子赶牛；"败"，就是把贝敲坏了，因此"败"最初表示坏的意思。也有人认为这里的"贝"实际是"鼎"字。

从"教"字的字形分析中，我们就可以看到中国古代的教育理念。著名作家鲁迅先生回忆他的童年生活时，就讲到他的教书先生"有一条戒尺"，不过，这位老师很温和，不常用这根戒尺，最多就是瞪几眼。

现在的老师，当然就更不用这种体罚方式了，但同样为了孩子们能够成材，有时也会严厉批评，我们应该理解和接受这份严厉背后的善意。老师是传授道理、教授学业、解释疑难问题的人，正如韩愈所说，"师者，所以传道受业解惑也"。对于老师，我们最重要的是尊重。北宋文学家欧阳修就曾说过："古之学者必严其师，师严然后道尊。"古代学习的人一定尊敬老师，老师受到尊敬，他所教诲的道理才会受到尊重。

国庆节

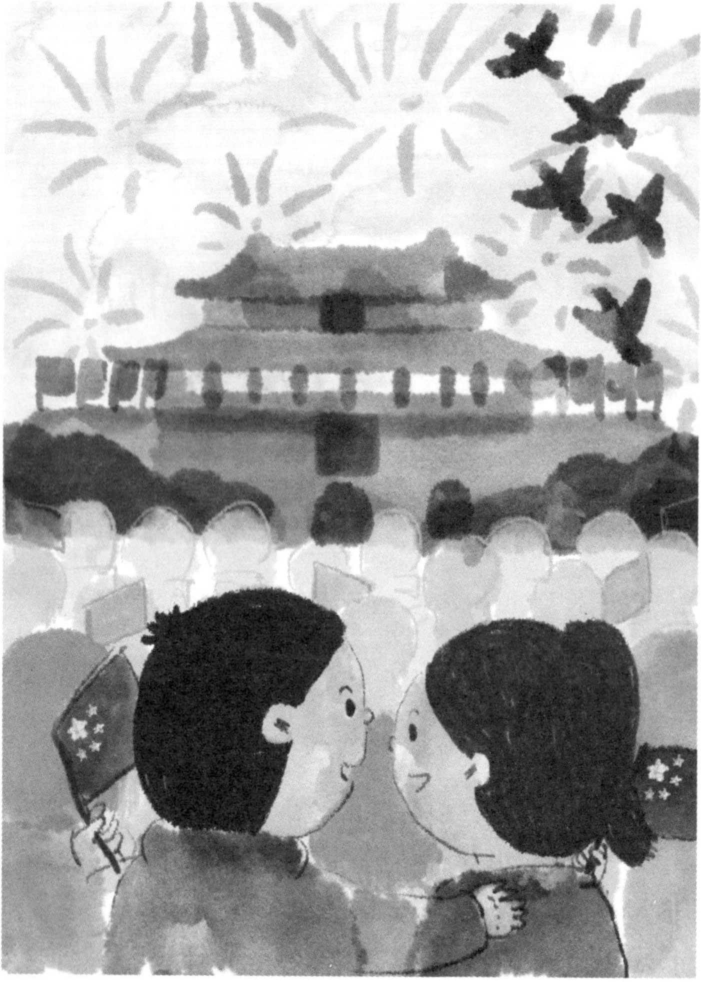

庆(金文)　庆(金文)　鹿(甲骨文)

心(金文)　国(金文)　国(金文)

我们每个人都有自己的生日，国家也有它的生日。世界各国都会庆祝自己国家的生日，但称呼有所不同，有的叫"国庆节"或"国庆日"，有的叫"独立日"或"独立节"，也有的叫"共和日""解放日"等，还有直接以国名加上"日"的，如"澳大利亚日""巴基斯坦日"等。

我们国家称为"国庆节"，在每年10月1日，这是庆祝中华人民共和国成立的纪念日。早在西晋时期，汉语中就已有"国庆"两字。不过那时的"国庆"是指国家的吉庆之事，在封建社会，最大的喜庆莫过于帝王登上君位。

新中国成立以后,"国庆"主要指10月1日国庆节。有人认为"国"由"口"和"玉"组成,"庆"由"广"和"大"组成,所以这是一个值得大庆的节日,庆祝国家拥有很多财富,因为"玉"象征着财富。是不是这样呢?

先看"庆"字,难道庆祝就都是大庆吗?显然不是。很多美好的小事,我们也可以庆祝,可见国庆节庆祝仪式的盛大隆重,并非由"庆"字决定。

"庆"的古文字形体有多种写法,如 ❦、❦,总体都是由两部分组成:❦(鹿)和 ❦(心)。"庆"的繁体字形"慶"还保留了古文字的构形,字形中间有"心",只不过"鹿"字稍有变化。鹿、心合起来是什么意思呢?

在中国传统文化中,有些动物代表着古人所寄予的美好象征。曾经有一组题名《福禄寿喜》的画,除了"寿"图是寿星之外,其余福、禄、喜分别画的是三种动物：蝙蝠、梅花鹿和喜鹊。之所以这么画，其实是利用了汉字的谐音："蝠"同"福"，"鹿"同"禄"，"喜鹊"之"喜"，相当于"喜事"之"喜"。因此这三种动物分别代表了三种吉利美好的事物。

"鹿"正是因为在语音上与"禄"相谐，因此被视为吉祥的象征，同时它又因为敏捷难以追赶，还作为政权的象征。《史记》记载"秦失其鹿，天下共逐之"，秦王逐渐丧失威望，群雄并起，虎视眈眈想要争夺天下。这个典故后来凝结为成语"逐鹿中原"，意思是谁抓住了这头鹿，谁就是中国的主人。后来也常用"逐鹿"比喻国家分裂时，群雄竞争天下。

无论鹿作为福禄还是政权的象征，它都代表了古人对于"鹿"的美好希望。同时也因为其自身的实用价值，鹿皮或鹿角都是古人用于庆贺的礼物，尤其是在古代婚礼中，男方给女方的聘礼之一便是鹿皮。

因此,"慶"(庆)中的"鹿"代表了珍贵的贺礼,"心"则是内心的活动,合起来的意思是怀着诚挚的心情,带着珍贵的礼物祝贺对方。可见,"庆"只是强调了发自内心的喜悦,并没有"大"的特点。

认为国家有财富而庆祝,同样来自对它字形的误会。我们还是要刨根问底,追溯到"国"的早期字形。"国"的金文字形,左边代表包围着的区域,右边是古代常见的兵器"戈",因此,"国"的古文字形表示手拿武器守卫着一方疆域。为了突出疆域之义,金文字形又写作,加上的表示封闭的区域。到了现代汉字中,它作部首,专门有个名称叫"国字框"。很多与它相关的汉字,都有封闭、包围的意思,如"园"是四周包围的空间,"囚"则表示在某一空间内不能自由出入的人,"困"则用"树木"被固定在某一区域表示不自由。

包围是一种四面环绕的行动，因此又呈现出圆形的状态，"团""圆"中的"囗"表达了这一特点。

如果按照古文字形，"国"字最初应该写作"國"，现在使用繁体字的港澳台地区，他们的"国"就是这个写法。"國"因为增加了新的偏旁"囗"，原先表示意义的"或"后来慢慢只起到提示声音的作用了。

后来为什么把"或"改为"玉"呢？难道是我们国家发达了，生活水平提高了，所以用"玉"代表财富？其实"玉"的古音和"或"相近，这里主要是借用它的声音。因此"国"实际是个形声字，声符"玉"，义符"囗"。当然，和"玉"同音的字也很多，之所以选择它，也因为"玉"字寄托了人们对国家的热爱，认为中国地大物博，宝藏丰富。

从"国"最初造字的理据中也可以看到，一个国家最重要的是领土的完整，不容他国侵犯。所以，"国庆"庆祝的是国家主权的独立和领土的完整。只有足够强大，国家才不会被他国任意侵犯。在中国，每逢五或十的国庆日，如三十五周年、五十周年国庆纪念日，我们都要举行盛大的阅兵仪式。阅兵，就是检阅军队，也是展现军事实力的一种方式。这种仪式可以追溯到先秦时期，在先秦时期的古书《左传》中就已记载："秋，大阅，简车马也。"简车马，就是清点车马的数量。因为清点是通过眼睛看的，所以"阅"字后来就有"看"的意思，比如阅读、阅览、阅卷等。

正因为国庆庆祝的是国家的独立与自主，所以每年的仪式都是非常隆重的。在这欢声笑语的庆祝中，我们也再一次感受到祖国的繁荣伟大与我们每个人都息息相关。唯有国家独立强大，才有我们个人的幸福生活。